ARCHIVES DES LETTRES MODERNES

collection fondée et dirigée par Michel MINARD

262

CATHERINE MOORE

Apollinaire en 1908
la poétique de l'enchantement
une lecture d' « *Onirocritique* »

ARCHIVES

Guillaume Apollinaire

n° 10

PARIS — LETTRES MODERNES — 1995

SIGLES ET ABRÉVIATIONS

ŒUVRES

ŒC   APOLLINAIRE, *Œuvres complètes*, p. p. M. DÉCAUDIN. Paris, Balland-Lecat, 1965-1966 (4 vol. : I, II, III, IV).

Po   APOLLINAIRE, *Œuvres poétiques*, p. p. M. DÉCAUDIN et P.-M. ADÉMA. Paris, Gallimard, 1959 (« Bibliothèque de la Pléiade »).

Pr, I, II   APOLLINAIRE, *Œuvres en prose complètes*, p. p. M. DÉCAUDIN et P. CAIZERGUES. Paris, Gallimard, 1977-1991 (« Bibliothèque de la Pléiade »).

EP   APOLLINAIRE, *L'Enchanteur pourrissant*, éd. établie, présentée et annotée par Jean BURGOS. Paris, Lettres Modernes, 1972.

AUTRES SIGLES UTILISÉS

COH1   Jean COHEN, *Le Haut-langage*. Paris, Flammarion, 1979.
COH2   Jean COHEN, *Structure du langage poétique*. Paris, Flammarion, 1966.

À l'intérieur d'un même paragraphe, les séries continues de références à une même source sont allégées du sigle commun initial et réduites à la seule numérotation ; par ailleurs les références consécutives identiques ne sont pas répétées à l'intérieur de ce paragraphe.

Toute citation formellement textuelle (avec sa référence) se présente soit hors texte, en caractère romain compact, soit dans le corps du texte en *italique* entre guillemets, les soulignés du texte d'origine étant rendus par l'alternance romain / *italique* ; mais seuls les mots en PETITES CAPITALES y sont soulignés par l'auteur de l'étude. Le signe * devant une séquence atteste l'écart typographique (*italiques* isolées du contexte non cité, PETITES CAPITALES propres au texte cité, interférences possibles avec des sigles de l'étude) ou donne une redistribution *|entre deux barres verticales|* d'une forme de texte non avérée, soit à l'état typographique (calligrammes, rébus, montage, découpage, dialogues de films, émissions radiophoniques...), soit à l'état manuscrit (forme en attente, alternative, options non résolues...).

PRODUIT EN FRANCE
ISBN 2-256-90456-3

INTRODUCTION

E<small>N</small> 1908, dix ans avant sa mort, le poète Guillaume Apollinaire se trouve à une période charnière de sa carrière,
entre les poèmes plus traditionnels d'*Alcools* et le recueil
moderniste des *Calligrammes*. À partir de cette année-là, il
sera de plus en plus influencé par les théories d'avant-garde et
les mouvements picturaux, en particulier cubistes. 1908 marque
donc une rupture avec le passé en même temps qu'un renouveau d'inspiration poétique. Le poète découvre dans la peinture moderne une méthode et des moyens qu'il commence
à transférer dans sa poésie. Ses écrits journalistiques se par-
tagent d'ailleurs également entre la théorie littéraire et la critique d'art. D'une part, il publie deux essais dans *La Phalange* et *Vers et prose* sur le poète symboliste Jean Royère et
son ami André Salmon. De l'autre, il donne au catalogue de
l'exposition du Cercle d'art moderne au Havre une préface
qui paraît sous le titre « Les Trois Vertus plastiques » en juin
1908 et présente celui de l'exposition Georges Braque en
novembre de la même année. C'est dans ces essais que nous
trouverons les bases d'une poétique qui s'exprime formellement dans les poèmes.

La production littéraire de 1908 contient les plus longs
poèmes d'*Alcools* : « *Le Pyrée* » (futur « *Le Brasier* ») publié
le 4 mai dans *Gil Blas* et « *Fiançailles* » publié en novembre-
décembre dans la revue *Pan* ; mais aussi un recueil de dix-huit

3

poèmes courts de tradition médiévale : « *La Marchande des quatre saisons ou le bestiaire mondain* », paru le 15 juin dans le numéro 24 de *La Phalange*, et un long poème en prose, « *Onirocritique* », publié le 15 février dans le numéro 20 de la même revue, et qui deviendra en 1909 le chapitre final du conte *L'Enchanteur pourrissant*.

Il s'agit donc d'une année particulièrement féconde sur le plan littéraire et critique, comme si le poète se rendant compte de l'inexorabilité du temps qui passe, voulait laisser sa marque indélébile sans plus tarder. On sent cette inquiétude dans « *La Souris* », quatrain du *Bestiaire* :

LA SOURIS

Belles journées, souris du temps,
Vous rongez peu à peu ma vie.
Dieu ! Je vais avoir vingt-huit ans,
Et mal vécus, à mon envie.   (*Po*, 13)

La production du poète est non seulement abondante, mais homogène. Apollinaire souligne à plusieurs reprises que les divers écrits de 1908 forment un tout et qu'ils ne sauraient être lus et compris indépendamment les uns des autres. Il dira des « *Fiançailles* », dans une lettre à sa fiancée Madeleine Pagès, qu'il est « *le plus nouveau, le plus lyrique et le plus profond* » (*Po*, 1067) des poèmes d'*Alcools* en le comparant au « *Brasier* », son « *meilleur poème, sinon le plus immédiatement accessible* » (1062). Le 11 mai 1908, il écrivait à Toussaint-Luca à propos de ses derniers vers (« *Le Pyrée* ») : « *Ils sont parents de l'"Onirocritique" et de l'article sur Royère. Je ne cherche qu'un lyrisme neuf et humaniste à la fois* ». Apollinaire indique bien qu'il met en pratique dans le discours poétique les théories exposées dans ses commentaires critiques. Par ailleurs, les adjectifs synonymes *neuf* et *nouveau* soulignent l'aspect rénovateur de la poétique de 1908. Nous avons donc choisi de

4

nous concentrer sur cette année de la carrière d'Apollinaire pour les deux raisons que nous venons de citer : la cohésion de l'œuvre et son ouverture sur l'avenir.

En ce début de siècle, Apollinaire s'interroge sur l'expression artistique ; ce faisant, il définit une poétique. Il nous faut la cerner et en voir la portée et l'application pratique et immédiate dans celui qui reste le moins connu et le plus obscur des poèmes de 1908 : « *Onirocritique* ». Ce poème qui, un an après sa publication, fut placé par Apollinaire à la fin de *L'Enchanteur pourrissant* ne saurait être analysé indépendamment de cet ouvrage, ni des autres poèmes de 1908.

Il existe, en effet, deux états du texte d'« *Onirocritique* ». Le texte original fut publié dans le numéro 20 de *La Phalange*, le 15 février 1908. En 1909, Apollinaire l'insérera au texte de *L'Enchanteur pourrissant* dont il deviendra le dernier chapitre. Bien que la version définitive de *L'Enchanteur pourrissant* ne sorte qu'en 1909, on peut faire remonter la genèse de l'œuvre à 1899 (année où Apollinaire consulta de nombreux ouvrages sur la littérature médiévale, en particulier sur Merlin et les légendes de la Table ronde, et où il séjourna à Stavelot dans les Ardennes belges). En outre, Apollinaire avait publié une première version de *L'Enchanteur pourrissant* dans *Le Festin d'Ésope* de mars à août 1904. À part quelques remaniements d'ordre surtout formel, la version de 1909 ajoutera le premier et le dernier chapitre. Il est évident qu'en 1908, au moment de la publication d'« *Onirocritique* », Apollinaire avait déjà défini la thématique de *L'Enchanteur pourrissant*. C'est pourquoi, comme M. Michel Décaudin le remarque dans les notes de l'édition de la « Bibliothèque de la Pléiade », le poème peut s'intégrer au conte « *sans grande difficulté, d'ailleurs, car, outre la présence d'images et de thèmes analogues,* Onirocritique *donne au drame de l'enchanteur, dans lequel se reflète aussi celui du poète, un achèvement plus conforme à ses dispo-*

*sitions nouvelles. Comme l'écrit très justement Jean Burgos :
"Apollinaire a besoin maintenant d'un chapitre final où, à
l'échec de l'homme devant la femme, devra répondre la victoire
du poète sur le temps* [...]." » (*Pr*, I, 1071). Pour la commodité
de cet exposé qui est centré sur l'année 1908, je ne retiendrai
que la présentation du poème à moins que je ne spécifie expli-
citement qu'il s'agit du chapitre.

Dès le titre du conte, Apollinaire résume l'essence de sa
poétique : sur le corps en putréfaction de l'enchanteur Merlin,
les vers se nourrissent et se multiplient ; le poème « *Onirocritique* », né de cette charogne, assure la renaissance et la
pérennité de l'enchantement. « Onirocritique », chapitre final
du conte, consacre donc l'apogée du jeu de la vie et de la
mort qui se joue sur le corps de Merlin. Poème en prose, il
révèle la magie exercée par les vers quand le langage de la
« réalité » s'est tu.

Merlin, en mourant au monde réel dans un rite d'auto-
sacrifice[1], est entré dans un univers magique et totalisant — la
maison de verre des légendes — dont il est l'unique créateur
et l'unique créature. Les règles qui gouvernent la réalité n'y
ont plus de prise puisque la mort, le temps, l'espace et les
contradictions humaines y sont à jamais en passe d'être
conquis. Le langage qui exprime ce monde en décomposition,
bien qu'en apparence semblable à la langue quotidienne,
reflète l'état moribond de la réalité et des mots qui la com-
muniquent. C'est un langage neuf qui lutte pour se dégager
des contraintes imposées par la grammaire et la logique
humaines, et qui tend lui aussi vers la totalisation.

Cette étude d'« *Onirocritique* » porte sur deux axes com-
plémentaires : d'un côté, elle analyse le réseau d'images par
lequel le poète-enchanteur évoque le monde quadridimension-
nel qu'il cherche à dominer ; de l'autre, en se fondant sur la

méthode critique de Jean Cohen dans *Structure du langage poétique* et *Le Haut-langage*, elle dissèque le langage qui exprime cet univers en voie de totalisation et en souligne les caractéristiques.

I

LE NEMETON :

ESPACE TOTALISANT

FORT des pouvoirs extraordinaires qu'il vient d'acquérir en acceptant sa mort dans l'*Enchanteur*, Merlin atteint le but de la quête initiatique dans sa création : le poème « *Oniro-critique* ». Cependant, il ne pourra déclarer : *j'émerveille*[2] que si cette œuvre présente « *cette unité essentielle qui seule pro-voque l'extase* » (*ŒC*, IV, 94). Selon Apollinaire, en effet, chaque poème doit offrir « *une vision essentielle, concrète et merveil-leuse* » (III, 828), d'« *un univers nouveau avec ses lois particu-lières* » (IV, 97). Pour le poète-critique, l'unité, l'une des trois vertus plastiques définies en 1908[3], est la preuve irréfutable de la divinité de l'artiste. En tant que telle, elle est le point sur lequel la quête du poète se concentre.

Seule une divinité peut créer une vision « *entière, com-plète* » (*ŒC*, IV, 94). Ainsi, Apollinaire dit-il au sujet du peintre Georges Braque : « *Puisant en lui-même les éléments des motifs synthétiques qu'il représente, il est devenu un créateur* » (112).

Monde clos et totalisant, le poème est semblable à la forte-resse de verre vers laquelle le Merlin des légendes médiévales tendait tous ses efforts ; il y devenait maître des mondes :

« *Merlin consacre son triomphe dans son enserrement dans la prison d'air, c'est-à-dire le nemeton où il est démiurge, sage et prophète.* » (p. 175[4]). Après avoir fait le grand écart qui lui avait permis de quitter le monde des réalités trompeuses, l'enchanteur atteint la maison de cristal où il se joint à son double féminin « *pour former le couple idéal avec Viviane* » (p. 162[4]). Ayant retrouvé l'unité de l'androgyne primitif des alchimistes, il possède, alors, des pouvoirs exceptionnels : il a obtenu les dons de voyance et d'ubiquité ainsi qu'un langage magique. Il a utilisé la vision extatique de l'initiation « *to transcend the limiting constrictions of the human condition, the limits of time, place and corporeal reality* » (p. 235[5]) (« pour transcender les limites qui restreignent la condition humaine, les limites de l'espace-temps et de la réalité corporelle »). Dans ce monde parfait que constitue la maison de verre, l'enchanteur domine le temps et l'espace, il y surmonte toutes les contradictions de la réalité humaine; but que proposera André Breton dans le second *Manifeste du Surréalisme*, « *tout porte à croire qu'il existe un certain point de l'esprit d'où la vie et la mort, le réel et l'imaginaire, le passé et le futur, le communicable et l'incommunicable, le haut et le bas cessent d'être perçus contradictoirement* »[6]. Selon Markale, « *ce point c'est le nemeton* [...] *extase de l'instant éternel que Merlin chante pour nous* » (p. 195[4]). Le nemeton ou la prison d'air de Merlin possède les mêmes caractéristiques que l'athanor des alchimistes ou l'œuvre du poète-enchanteur. Celui-ci a « *pour seul but* [dans le poème] *de construire un monde despatialisé et détemporalisé où tout se donne comme totalité achevée, la chose sans dehors et l'événement sans avant, ni après* » (COHI, 75).

Dans la tradition des grands poètes et prophètes, Apollinaire vise à cet état où se résolvent toutes les contradictions. Il se trouve au tournant de l'époque moderne et voit s'ouvrir devant lui des domaines nouveaux aux possibilités infinies qu'il veut exploiter dans sa poésie. En ce début de siècle, l'imagination du poète comme celle du savant ne connaît plus de bornes, et Apollinaire est prêt à envahir le champ de l'infiniment grand : « *L'homme s'est familiarisé avec ces êtres formidables que sont les machines, il a exploré le domaine des infiniment petits, et de nouveaux domaines s'ouvrent à l'activité de son imagination : celui de l'infiniment grand et celui de la prophétie* » (*ŒC*, III, 902).

Le poète-enchanteur va se livrer à « *ces tâches prophétiques* » (*ŒC*, III, 907), une fois qu'il aura conquis l'espace des nouveaux mondes à découvrir :

Le domaine le plus riche, le moins connu, celui dont l'étendue est infinie étant l'imagination, il n'est pas étonnant que l'on ait réservé plus particulièrement le nom de poète à ceux qui cherchent les joies nouvelles qui jalonnent les énormes espaces imaginatifs.   (*ŒC*, III, 907)

Dans le poème « *Onirocritique* », on voit très nettement se développer un schème de conquête[7] qui a pour objectif d'envahir « *une immensité inconnue où flambent les feux de joie des significations multiples* » (*ŒC*, III, 907).

En cette époque moderne où les hommes de science commencent à remettre en question la géométrie tridimensionnelle d'Euclide, Apollinaire cherche, lui aussi, à s'affranchir du monde linéaire spatialisé pour que règne la « quatrième dimension »[8]. L'« immensité inconnue » à conquérir se situe sur un plan encore jamais atteint, un univers appartenant à cette nouvelle dimension dont les physiciens commencent à parler. Selon Apollinaire, le concept de la « quatrième dimension » distingue l'œuvre artistique moderne parfaite dans son mépris des contraintes spatiales et temporelles.

Afin d'arriver à ce but, le poète doit mener sa conquête sur

11

trois fronts. Tout d'abord, l'enchanteur brigue l'omniprésence et l'immortalité. Il lui faut dominer l'espace en prenant possession du champ infini de la toile ou du poème. Cette prise de possession se traduit, dans l'œuvre, par des images de multiplication, de dispersion, d'ubiquité et de gigantisation. Parallèlement, il devient maître du temps, puisque « *grâce à la quatrième dimension, on se trouve confondu avec l'univers entier, avec les événements soi-disant futurs, comme avec les événements soi-disant passés. Le tout ne forme plus qu'un monde de formes et de qualités immobiles et innombrables* »[9]. Il accomplit la conquête du temps dans des images qui réactualisent des mythes immortels ou qui créent des mythes modernes. Au niveau de l'écriture, il innove avec la technique cubiste de la simultanéité et il choisit, de préférence, des temps de verbes à temporalité faible ou ambiguë comme l'imparfait.

Transporté dans l'univers de la « quatrième dimension » où le temps et l'espace ont cessé d'être des contraintes, le poète-enchanteur peut enfin se réunir avec sa moitié et retrouver l'unité perdue. Il réconcilie ainsi les opposés mâle et femelle — Merlin et Viviane (dont la représentation alchimiste est le soufre et le mercure) — et les unit dans l'androgyne alchimique.

Le poème est alors une *chose-monde*[10], un univers. Abolissant la durée et l'espace-temps qui emprisonnent les êtres humains, il peut s'éterniser en un instant qui englobe tout. Délivré des limites imposées par la réalité humaine, le poème est bel et bien un objet divin. Il se sépare du monde pour devenir « *monde à son tour* » (COHI, 265).

Apollinaire résume le but du poète-enchanteur dans le prologue de sa pièce : *Les Mamelles de Tirésias*. Ce qu'il écrit à propos du théâtre s'applique aussi bien à la poésie et à « *Onirocritique* » en particulier :

Il est juste que le dramaturge se serve
De tous les mirages qu'il a à sa disposition
Comme faisait Morgane sur le Mont-Gibel
Il est juste qu'il fasse parler les foules les objets inanimés
S'il lui plaît
Et qu'il ne tienne pas plus compte du temps
Que de l'espace

Son univers est sa pièce
À l'intérieur de laquelle il est le dieu créateur
Qui dispose à son gré
Les sons les gestes les démarches les masses les couleurs
[...]
Car la pièce doit être un univers complet
Avec son créateur
C'est-à-dire la nature même
Et non pas seulement
La représentation d'un petit morceau   (*Po*, 882)

Les « *mirages* » ou « authentiques faussetés » poétiques que le poète-enchanteur crée dans le poème s'opposent aux « fausses vérités » prosaïques. La prose transmet une expérience analytique du monde et reproduit le réel à partir d'un système d'oppositions qui dépend de l'espace-temps. Dans le langage prosaïque, chaque mot se définit par rapport à sa négation ; par exemple, blanc se saisit comme le contraire de noir. Et, le blanc et le noir ne « *sont également actualisables* [*que*] *si, et seulement si, ils sont assignés à titre de prédicats à des parties différentes de l'espace et/ou du temps* » (COHI, 68). Le monde de la prose est, donc, un monde de divisions, de partitions. Comme Cohen le remarque justement dans *Le Haut-langage* :

Le monde comme englobant dernier est donc, en vertu du principe de négation, nécessairement contradictoire. Du monde on peut, on doit, tout dire et le contraire. Car en fait on ne parle jamais du monde comme d'un tout mais seulement comme un ensemble de parties. Le monde comme totalité est indicible. Du moins dans le langage gramma-

tical. [...] L'inconcevable n'est pas l'ineffable, et si la totalité existe, il y
a un moyen de la dire, qui est la poésie   (COHI, 68-9)

En revanche la poésie, comme Apollinaire le faisait remar-
quer à propos de Georges Braque, est « *une expérience syn-
crétique, où s'effondrent les structures différentielles pour laisser la place à un espace homogène* » (COHI, 72) c'est-à-dire
affranchi de l'espace-temps. La poésie, seule, peut exprimer la
totalité parce qu'elle est « *un univers complet* » (Po, 882). Apollinaire affirme que le monde poétique égale la nature entière :
il n'est pas formé de morceaux différenciés et oppositionnels.
Le poète, en réactivant le langage, cet « objet inanimé »
(voir Po, 882) redonne à chaque mot sa force originelle. Le verbe
poétique ne se réfère plus à une région déterminée sur la carte
de l'espace-temps qui s'opposerait à une autre mais il dit le
monde dans sa totalité.

LA CONQUÊTE DE L'ESPACE.

Au moment où il écrit le poème, le poète-enchanteur se
trouve prêt à conquérir les espaces qui s'ouvrent désormais
devant lui : le domaine de l'infiniment grand.

Ces espaces peuvent prendre l'aspect d'un macrocosme
— l'univers tout entier, comme à la fin d'« *Onirocritique* » —
ou d'un microcosme — un endroit en apparence clos et res-
treint comme la tombe de Merlin dans la première partie de
l'*Enchanteur*. Mais, dans les deux cas, il s'agit d'étendre la
toute-puissance de l'Enchanteur à l'immensité totalisante du
cosmos. Le poète a pour but de remplir ce nouveau domaine
avec les créations issues de son imagination « [*p*]*uisque imagi-
ner pour un homme c'est créer* » (Po, 559). Il y couronne sa
quête par la construction d'un monde idéal.

Merlin achève son initiation par son emprisonnement dans la prison d'air où, en dehors du temps et de l'espace humains, « *il règne sur le monde des réalités suprêmes* » (p. 122⁴). Il est passé d'une dimension terrestre à une dimension divine ; aussi, bien que physiquement l'endroit où il est retenu soit un vase clos, mentalement, il y rejoint l'illimité dont il adopte le langage.

Comme l'enchanteur, le poète et l'artiste se trouvent enfermés dans un monde aux limitations physiques — la page de papier ou la toile — mais, de ce microcosme naît un univers aux proportions cosmiques : l'imagination n'a pas de bornes et les créatures qui peuvent en être issues sont innombrables ; de plus : « *Les mots et le poète peuvent être en même temps dans un lieu et ailleurs, comme un prêtre d'Halbarstadt, nommé Jean et surnommé le Teutonique, qui en 1271, le jour de Noël, dit trois messes à minuit* [...]. » (*ŒC*, III, 781). Dans cet exemple, l'ubiquité touche à la fois le créateur (le poète) et sa créature (les mots) qui, en poésie, forment une seule entité. On ne les distingue plus ; le poète, à l'issue de l'initiation, est devenu langage. Le rite de mort/renaissance a permis à l'enchanteur de renaître en Dieu, verbe créateur, et de dominer l'espace-temps. On remarquera que ce miracle d'ubiquité spatiale a lieu la nuit de Noël, celle de la renaissance divine. Contrairement au langage prosaïque, cette langue sacrée (symbolisée par les trois messes) peut se trouver, en un seul instant, ici et ailleurs. Or, dans la réalité, l'individu ne peut occuper qu'une partie de l'espace-temps en un moment donné. Nous donnons des noms propres à « *quelque chose occupant une partie continue et limitée d'espace et de temps* » (REICHEN-BACH ; cité in COHI, 67). Du moment que ce *quelque chose* occupe plusieurs morceaux d'espace-temps au même moment, il échappe aux lois qui gouvernent le monde réel. Il perd ses limitations spatio-temporelles et se totalise. En outre, le prêtre

domine le monde de sa présence simultanée à l'heure privilé-
giée où le temps s'abolit : minuit, heure zéro, sans opposée.

Ainsi, « *pour Apollinaire* [...] *c'est bien à l'intérieur des
murs, de l'intérieur des murs que s'établit et se renouvelle la
conquête* »[11] de l'espace. « *Peut-être est-ce à ce prix — sans
bouger de la terre que le poète se doit d'être "le ciel de la
cité"* [« *La Victoire* »; *Po,* 311]. »[11].

Ainsi, le magicien Merlin, dans *L'Enchanteur pourrissant,*
est-il prisonnier d'un espace clos :

> L'enchanteur était entré conscient dans la tombe et s'y était couché
> comme sont couchés les cadavres. La dame du lac avait laissé retomber
> la pierre, et voyant le sépulcre clos pour toujours, avait éclaté de rire.
>
> (*Pr,* I, 10)

Pourtant, dans les limites de la portée de sa voix, c'est-à-dire
la forêt profonde et obscure qui entoure la tombe où il est
enclos, il va vaincre son emprisonnement, dépasser le peu
d'espace qui lui est imparti en appelant un univers entier de
créatures étranges autour de lui. Sans se déplacer, il fait venir
une foule infinie :

LE HIBOU
dans l'arbre

> [...] Qu'entends-je et que vois-je dans la forêt profonde et obscure ?
> Tant d'êtres anciens ou actuels. Par ma sagesse, cette nuit ferait le
> bonheur d'un antiquaire !
>
> Dans la forêt profonde et obscure se pressait une foule d'êtres beaux
> ou laids, gais ou tristes.   (*Pr,* I, 25)

Dans ce passage, on est frappé par les coordinations de
couples oxymores. La première phrase de cette tirade du
Hibou évoque un monde contradictoire qui n'est pas soumis
aux lois de la réalité humaine. Les verbes et les adjectifs

16

s'annulent les uns les autres. Les prédicats, *entendre* et *voir*, font appel aux sens de l'ouïe et de la vue. Or, les adjectifs qualifiant la forêt nient l'efficacité de ces sens : on ne peut rien entendre dans la profondeur de la forêt, et on ne peut rien percevoir dans son obscurité. La forêt enchantée de Merlin est une métaphore du monde poétique. Et, pour celui qui n'a pas accompli le rite d'initiation, le poème est, en effet, une forêt profonde et obscure puisqu'il n'obéit pas aux règles qui le rendraient compréhensible[12]. L'initié, libéré de l'emprise des sens, est ici représenté par le sage Hibou. Lui, en revanche, peut « voir » et « entendre » dans l'obscurité un univers entier, formé d'une foule d'êtres opposés.

Les membres de cette foule appartiennent au passé et au présent. Apollinaire relie deux adjectifs antithétiques *anciens* et *actuels*, niant ainsi la partition du temps en passé/présent. Les autres oxymores réfutent toute division dans ce monde créé par Merlin ; les êtres sont « *beaux ou laids, gais ou tristes* » (*Pr*, I, 25). La présence simultanée d'êtres disparates en un même endroit défie l'espace-temps. La voix de Merlin a fait surgir un monde où la logique de la prose se détruit, puisque chaque être y coexiste simultanément avec sa négation.

En mourant au monde réel, l'enchanteur obtient un langage magique qui donne naissance à un nouvel être de langage, un être total. Dans cet univers, la partition n'a plus de place : « [...] *every poetic language begins by being a secret language, that is, the creation of a personal universe, a completely closed world.* » (p. 510[13]) (« tout langage poétique commence en étant un langage secret, c'est-à-dire, la création d'un univers personnel, d'un monde complètement fermé »). « *Onirocritique* » se présente comme un autre microcosme des enchanteurs traditionnels : le vaisseau de verre des alchimistes dans lequel s'accomplit le Grand Œuvre. Le rêveur atteint une île où poussent des arbres rouges : « *Les insulaires m'emmenèrent*

dans leurs vergers pour que je cueillisse des fruits semblables
à des femmes. Et l'île, à la dérive, alla combler un golfe où
du sable aussitôt poussèrent des arbres rouges » (*Po*, 373), Apollinaire emprunte cette image aux légendes alchimiques. On utilise souvent une île pour représenter symboliquement le vaisseau de verre et par là, le nemeton (voir pp. 161-2[4]). L'île, monde isolé et autonome où les lois de la nature ne valent plus, est aussi une représentation du poème. Le temps y est vaincu : on cueille les fruits avant que les arbres ne poussent inversant la séquence temporelle logique. L'île « à la dérive », est aussi un bateau, c'est-à-dire un objet poétique qui, défiant l'espace, unit l'ici à l'ailleurs. L'île d'« *Onirocritique* » est couverte de vergers magiques, porteurs de fruits enchantés. Les arbres qui y poussent sont de couleur rouge, ce qui évoque « l'Œuvre au rouge », étape finale de la recherche alchimiste. C'est le stade où les métaux vils atteignent la perfection intégrant le masculin et le féminin : les fruits rouges ressemblent à des femmes.

Dans « *Onirocritique* », l'enchanteur atteint un état de totalité absolue. Parce qu'il rêve, il est à la fois dans sa tombe et hors de sa tombe. Lui et ses créatures ne font plus qu'un. Le Je d'« *Onirocritique* » est un rêveur, c'est-à-dire « un être diffus », qui habite tout l'espace de son rêve, et, en cela,

[...] il échappe à la ponctuation du hic et du nunc. L'être du rêveur envahit tout ce qui le touche, diffuse dans le monde.... Habitant vraiment tout le vol de son espace, l'homme de la rêverie et de toute part dans son monde, dans un dedans qui n'a pas de dehors. Le moi ne s'oppose plus au monde. Dans la rêverie, il n'y a plus de non-moi. Dans la rêverie, le non n'a plus de fonction. Tout est accueil.[14]

Le rêve intègre le sujet, l'objet et le monde. Le poète-rêveur, « *habitant* [...] *tout le vol de son espace* »[14], échappe aux limites de l'espace-temps. Son monde est sans partitions, « *le monde de la rêverie est un monde sans séparation, sans différences* [...] *la conscience rêveuse peut être définie* [...] *par la*

18

non-négation et la totale identité à soi » (COHI, 273). Le rêve est le monde parfait de la poésie.

Baudelaire, avant Apollinaire, avait pressenti le statut particulier des rêves et leur apport possible à la poésie quand il avait pensé écrire « *une "oneirocritie" comme art d'interpréter les songes en poésie* » (BURGOS; *EP*, 179 n.*a*). Le rêve comme le poème est un microcosme, un univers conquis par le moi et habité par le moi. Il réconcilie les mondes externe et interne du rêveur en un seul espace où celui-ci règne, omniprésent. C'est pourquoi, quand on ouvre le ventre du sacrificateur, on y trouve l'IOD, ce qui « *signifiait la divinité proprement dite, l'intellect créateur, l'Éternel Masculin qui est en tout, partout et au-dessus de tout.* » (p. 243[15]). Il s'agit bien ici du « *Grand Tout sans limitation aucune* » (COHI, 69).

La totalisation « *phénoménale* » (COHI, 272) du rêve se traduit dans « *Onirocritique* » par le symbolisme de l'île aux arbres rouges et de l'IOD, mais aussi par l'emploi fréquent de l'adjectif *tout* devant *peuple* et du substantif *monde* : « *de la gorge du singe, il sortit des flammes qui fleurdelisèrent le monde* » (*Po*, 371), « *tout un peuple l'admirait sans se lasser* » (373), « *Tout un peuple entassé* [...] ». Ce monde, le poème, et ce peuple, les créatures poétiques, ne s'opposent à aucun autre monde et peuple.

Tout au long d'« *Onirocritique* », on voit la puissance du poète-Enchanteur s'accroître peu à peu. Alors qu'on assimile Dieu à la lumière, l'enchanteur, fausse divinité, est synonyme de l'ombre. Or, vers la fin du poème (*Po*, 373-4), le royaume de l'ombre s'étend jusqu'à prendre des proportions gigantesques :

Les ombres sortirent des myrtaies et s'en allèrent dans les jardinets qu'arrosait un surgeon d'yeux d'hommes et de bêtes.
Des ombres gigantesques se profilaient sur les voiles lointaines.
Des ombres dissemblables assombrissaient de leur amour l'écarlate des voilures [...].

L'ombre a précédé l'apparition de la lumière et, donc, de l'espace-temps. La souveraineté de l'ombre constitue un retour en arrière, vers un monde premier, avant l'espace à trois dimensions. La création de l'enchanteur est un processus créatif à l'envers, qui remonte au Grand Tout non diversifié.

Au moment où l'ombre domine tout, le rêveur ramasse « *les couronnes de tous les rois* » (*Po*, 374) et son « *fleuve au repos* » (373) englobe les hommes, indiquant qu'il est devenu le souverain incontesté de cet espace onirique finalement conquis. Il est maître de son propre univers et il se suffit alors à lui-même pour remplir ce monde.

En mourant, il avait obtenu le don d'ubiquité grâce auquel il peut se multiplier en doubles innombrables. Déjà dans la première moitié, il s'était vu au centuple ; maintenant, ses yeux se multiplient et couronnent sa tête, puis, finissent par envahir les villes, les campagnes et les montagnes. Il avait également subi le rite du démembrement et, c'est ainsi qu'il peut disséminer ses membres en morceaux épars dans le monde : ses yeux, son cœur, ses bras, ses jambes. Littéralement, lui seul occupe tout. Il est devenu un objet poétique absolu, illimité qui ne s'oppose à aucun autre fragment de l'espace-temps.

Cette prolifération de doubles et de morceaux trouve un écho dans la recherche typographique : le morcellement des images et le manque de ponctuation :

L'analyse sémantique des images et des schèmes présidant à ce [...] mode de structuration de l'écriture a [...] montré [...] que le démantèlement des êtres et des choses entraînait une multiplication des morceaux épars et de là un nouveau remplissement de l'espace lié à une survalorisation de celui-ci. (p. 265[16])

Ce remplissement de l'espace avec des morceaux a pour « *souci de figurer l'espace s'éternisant dans toutes les directions à un moment donné* » (p. 265[16]). L'espace n'est plus divisé en termes opposables, mais totalement unifié, puisqu'il est formé de morceaux appartenant à un même tout.

La multiplication est un procédé de totalisation qu'Apollinaire utilise dans tous les poèmes de 1908. Dans « *Les Fiançailles* », à nouveau, les ombres se multiplient pour réaliser l'ouvrage et, dans « *Le Brasier* », le poète, immolé sur le pyrée, le remplit de ses doubles multipliés et entretient à jamais le feu où il brûle :

Et les mains des croyants m'y rejettent multiple innombrablement
[...]
Je suffis pour l'éternité à entretenir le feu de mes délices   (*Po*, 109)

On remarque l'uniformité sémantique et phonétique de ces trois vers. Le Je, en se multipliant, envahit l'espace-temps, « *pour l'éternité* ». L'image est figée, la strophe tautologique, et les vers suivent un rythme uniforme à cause de l'allitération en *m*. La monotonie du son causé par la répétition de cette consonne imite, dans la forme, la duplication du moi. Le discours est totalisant.

La multiplication des créatures poétiques ou du moi du poète ne représente qu'une des deux méthodes d'occupation de l'espace. Apollinaire a également recours à des « *procédés de gigantisation qui donnent au poète tous pouvoirs pour s'emparer d'un monde dont il a pris les proportions* »[17]. Ainsi, dans « *Onirocritique* », il grandit après avoir mangé de la viande : « *On nous servit de la viande fraîche et je grandis subitement après en avoir mangé.* » (*Po*, 372) — et les ombres deviennent gigantesques.

La prise de possession d'un univers infini par le gigantisme des créatures ou leur prolifération avait donc fasciné Apollinaire bien avant les calligrammes de l'époque cubiste. Apollinaire allait appliquer ces techniques de plus en plus souvent dans ses œuvres poétiques :

[...] the cubist object is to dismantle the illusion by which the object is specified as occupying a single point in space or in time. In the cubist analysis, the totality of the object consists in the infinity of points of view in which it exists not only in space but also in memory.[18]

Cette analyse du cubisme dégage l'essence de la poésie apollinarienne en 1908. L'objet poétique, comme nous venons de le voir, occupe toutes les parties de l'espace-temps en un moment donné.

LA CONQUÊTE DU TEMPS.

Pour vaincre les limites imposées par l'espace tridimensionnel, la domination du temps est indissoluble de celle de l'espace. Apollinaire dit à propos du poète symboliste Jean Royère qu'il « *connaît le passé, l'avenir et transforme le présent quand il le veut, paraissant posséder le pouvoir divin :* " *Je fais le rêve de saisir | L'*Essence *!* " » (ŒC, III, 780). En visant à dominer l'espace-temps, le poète se rapproche de l'essence divine, le présent éternel.

Dans la devise au présent qu'Apollinaire placera en tête du *Bestiaire* (publié en 1911), *j'émerveille*, il affirmera l'atemporalité de la fonction poétique ; l'enchantement qu'elle suscite ne connaît ni commencement ni fin, ni passé ni présent. En outre, dès 1908, le poète donnait à la peinture moderne une direction qu'il transposerait plus tard au domaine littéraire dans des poèmes simultanés comme « *Les Fenêtres* » (1913) :

[...] le peintre doit avant tout se donner le spectacle de sa propre divinité et les tableaux qu'il offre à l'admiration des hommes leur conféreront la gloire d'exercer aussi et momentanément leur propre divinité.
Il faut pour cela embrasser d'un coup d'œil : le passé, le présent et l'avenir.

La toile doit présenter cette unité essentielle qui seule provoque l'extase.

(ŒC, IV, 93-4)

Apollinaire réitérera à de nombreuses reprises ce besoin d'unité temporelle que la peinture résout par la technique du simultanéisme. Ainsi écrira-t-il au sujet de Georges Braque : « *Et s'il s'appuie sur des moyens humains, sur des méthodes terrestres, c'est pour assurer la réalité de son lyrisme. Ses toiles sont l'unité qui les rend nécessaires.* » (*ŒC*, IV, 96).

Dans le domaine littéraire, le recours au mythe en tant que configuration totalisatrice par excellence permet à l'écrivain d'assurer l'atemporalité de son œuvre, et, par là, d'accéder « *à l'ordre de l'absolu et du divin.* »[19]. Si, dans les *Calligrammes*, Apollinaire va chercher à créer ses propres mythes modernes, en 1908, c'est en regardant vers le passé qu'il trouve le pouvoir de faire coïncider le présent et l'avenir dans un moment infini. Quand il restaure le mythe primitif de l'enchanteur et de sa quête, il se démarque du temps profane, car :

> Le mythe littéraire embrasse la totalité de l'espace et du temps, capable qu'il est de s'affranchir de la linéarité historique. Il s'insère dans un présent cyclique, atemporel, dans un non-temps qui rassemble les dimensions de la temporalité : passé, présent, futur. L'espace et le temps sont projetés dans une totalité circulaire qui est celle de l'éternel retour.[20]

La quête de l'enchanteur Merlin s'inscrit dans un mouvement cyclique d'éternel recommencement. Le magicien, pour renouveler ses pouvoirs, est destiné comme le phénix à toujours renaître de ses cendres, à ne jamais être dévoré par le sphynx, mais à continuer à l'interroger vainement, à tenter, sans jamais y parvenir tout à fait, de voler le feu des dieux, à pourrir pour toujours. Le poète-enchanteur, à sa suite, est celui dont le combat se situe « *toujours aux frontières / De l'illimité et de l'avenir* » (« *La Jolie rousse* » ; *Po*, 314).

Ainsi, Merlin, comme tous les grands magiciens, ne meurt-il

23

jamais parce qu'il est immortel de nature, il reste prisonnier de l'enclave hors du temps où il s'éternise dans un présent qui ne connaît pas de fin. Figé dans cet instant, sa vue englobe le passé et l'avenir; c'est pourquoi il est parfois représenté symboliquement à la charnière du temps, le Jour de l'an « *as Father Time when one looks, as Merlin did, Janus-like, forward into January and backward into the dying year.* »[21]. L'initiation lui a donné connaissance de l'avenir et du passé. Devenu prophète, « *the whole of time lay ranged beneath his view, and past, present and future passed before him as an indivisible whole* » (xviii[5]) (« l'étendue entière du temps se présentait à sa vue, et le passé, le présent et l'avenir défilaient devant lui comme un tout indivisible »). Tout poète qui se dit leur héritier donne une dimension mythique à son œuvre par laquelle il transcende les limites imposées par la réalité humaine. Avant Apollinaire, le poète anglais Wordsworth

[...] saw himself, like Merlin, as one who "looks before and after", and shaman-like, uses his ecstatic vision to transcend "the limiting constrictions of the human condition, the limits of time, place and corporeal reality." (p. 235[5])

(« se considérait, tel Merlin, comme celui qui "regarde avant et après", et tel un chaman, utilise sa vision extatique pour transcender "les limites qui restreignent la condition humaine, les limites de l'espace-temps et de la réalité corporelle." »)

En faisant revivre les temps de l'enchanteur Merlin, Apollinaire, lui aussi, se voit sous les traits d'un personnage mythique, dont l'éternel retour confirme l'immortalité; en même temps, il épouse les rites initiatiques de ce mythe, qui contribuent à nier le passage du temps. Ainsi l'Enchanteur, dans « *Onirocritique* », entre-t-il dans le domaine du rêve, espace privilégié pour le chaman puisqu'il lui ouvre les portes de l'éternité :

[...] it is always in dreams that historical time is abolished and mythical time regained, which allows the future shaman to witness the beginning of the world and hence to become contemporary not only with the cosmogony, but also with the primordial mythical revelations. (p. 103[13])

(« c'est toujours dans les rêves que le temps historique est aboli et le temps mythique retrouvé, ce qui permet au futur chaman d'assister au commencement du monde et, par là, d'être contemporain non seulement avec la cosmogonie, mais aussi avec les révélations mythiques primordiales »)

Ce n'est pas pur concours de circonstances si, la même année, Apollinaire place l'accent sur l'importance de la simultanéité en peinture et choisit d'axer son œuvre poétique sur le mythe de l'enchanteur. Le peintre doit « *embrasser d'un seul coup d'œil : le passé, le présent et l'avenir* » (*ŒC*, IV, 94) ; le poète-enchanteur, une fois dans le nemeton, domine lui aussi l'étendue du temps.

Le terme de *simultanéité* se réfère à une méthode moderne, « scientifique », de figer le temps. En 1908, Apollinaire s'intéresse à un enchanteur-inventeur, Louis II de Bavière, qui à bien des égards rappelle Merlin ; lui aussi est « *un de ces personnages qui* [*le*] *fascinent parce qu'ils n'ont pas connu la mort, donc échappent au temps* » (*Pr*, I, 1284). Il lui consacre un conte dans *Le Poète assassiné*, « Le Roi-Lune », dont le manuscrit est formé de vingt-cinq feuillets sur des papiers divers, parmi lesquels des programmes pour la conférence « La Phalange nouvelle », prononcée par le poète le 25 avril 1908 (*Pr*, I, 1282). Deux épisodes tirés de ce conte illustrent, d'une manière facétieuse, l'abolition du temps par la technique de la simultanéité spatio-temporelle.

Dans la grotte où pénètre le narrateur du conte se trouvent des machines à remonter le temps d'un genre assez spécial. Elles permettent à leurs utilisateurs de faire l'amour avec des personnages historiques ou mythiques (Mme de Pompadour,

Aphrodite, Lola Montès, etc.) en ressuscitant un morceau du passé :

> Cette machine avait pour fonction : d'une part, d'abstraire du temps une certaine portion de l'espace et de s'y fixer à un certain moment et pour quelques minutes seulement, car l'appareil n'était pas très puissant ; d'autre part, de rendre visible et tangible à qui ceignait la courroie la portion du temps ressuscitée. (*Pr*, I, 311)

Cette machine symbolise la poésie. Elle permet d'intégrer passé et présent en un instant hors de l'espace-temps. Mais, chaque fois qu'il veut revivre ce moment magique de simultanéité temporelle, son utilisateur doit recommencer indéfiniment l'opération dont l'effet n'est que temporaire.

Dans la même grotte, le narrateur finit par rencontrer le maître de ces lieux étranges, lui-même un carrefour d'époques différentes : le Roi-Lune, Louis II de Bavière, que chacun croit mort :

> Un homme au visage jeune (il avait cependant alors environ soixante-cinq ans) s'y tenait vêtu comme un grand seigneur français du règne de Louis XVI. [...]
> [...]
> Le curieux personnage, dont l'aspect anachronique contrastait si fort avec la modernité métallique de cette salle, était assis devant un clavier [...]. (*Pr*, I, 313)

Le surnom de Louis de Bavière, « le Roi-Lune », rappelle, ironiquement, un autre Louis, le Roi-Soleil. À l'inverse de son homonyme, le roi de Bavière, dont la folie est par ailleurs bien documentée[22], règne sur l'ombre. Anti-roi, souverain de la nuit, Louis est le poète véritable qui crée son œuvre d'art sur des machines modernes comme le souhaitait Apollinaire. En lui, coexistent la jeunesse et la vieillesse, le présent, le passé (« anachronique ») et le futur (« modernité »).

Sur les touches d'un clavier magique, le Roi compose la symphonie du monde composée des « *bruits les plus lointains de la vie terrestre* » (*Pr*, I, 314). Sous les doigts de l'artiste, la Chine, Tahiti, le Mexique, Chicago, Rio de Janeiro et d'autres lieux exotiques se trouvent réunis par leurs sons caractéristiques dans le souterrain : « *Les doigts du roi coururent sur les touches, au hasard, faisant s'élever, simultanément en quelque sorte, toutes les rumeurs de ce monde dont nous venions, immobiles, de faire le tour auriculaire.* » (316).

Dans ce conte, les appareils et le piano magiques sont les instruments par lesquels l'enchanteur souverain domine l'espace et le temps dans le périmètre réduit du souterrain. Les mots à retenir dans ces passages sont *simultanément* et *immobiles*. L'immobilité arrête tout mouvement qui pourrait fragmenter l'instant. La simultanéité passé-présent et ici-ailleurs est un autre procédé de totalisation qui inclut le créateur et son œuvre.

La mort du Roi dans « *les eaux sombres du Starnbergersee* » (*Pr*, I, 314) lui a permis de renaître à cette nouvelle dimension dans la grotte fabuleuse où s'est égaré le narrateur, spectateur « émerveillé » d'une représentation totale. Le Roi-Lune comme l'enchanteur Merlin est un immortel. Pour eux, dans le cercle magique qui les entoure, le temps s'est arrêté. Leur monde ne s'oppose à aucun autre.

Dans l'œuvre de 1908, les rois représentent la souveraineté absolue du poète sur l'espace-temps grâce à son œuvre. Ils possèdent l'immortalité soit parce qu'ils ont créé les machines de la modernité qui maîtrisent la simultanéité spatio-temporelle (le Roi-Lune), soit parce qu'ils ont reçu le rire et la parole comme c'est le cas des souverains d'« *Onirocritique* ».

Une métaphore revient constamment et articule ce texte : il s'agit du rire. Les gardes d'Orkenise « *riaient, riaient* » (*Po*, 372) tout comme les rois dans le même poème : « *Les monarques s'égayaient* », « *les rois seuls ne mouraient point de ce rire* ». Le rire, d'après Apollinaire, est le propre des poètes :

> Et, je veux aussi placer l'ache, tour à tour symbole de mort et couronne des victorieux, sur la tête de Jean Royère. Ses poèmes ont la saveur d'une herbe semblable à l'ache et dont ceux qui y goûtent meurent en riant. Elle croît sauvage en Sardaigne. Ailleurs, les poètes seuls cultivent cette joie profondément mystérieuse.　　　　　　　　　(*ŒC*, III, 781)

Les rois qui ne rient pas meurent dans le silence comme c'est le cas dans le poème « *Vendémiaire* » :

> Je vivais à l'époque où finissaient les rois
> Tour à tour ils mouraient silencieux et tristes　　　　(*Po*, 149)

tandis que ceux qui rient (les poètes) jouissent de l'immortalité de la parole : « *Des vieillards mangeaient l'ache et immortels ne souffraient pas plus que les morts.* » (*Po*, 373). L'ache, symbole de la mort, provoquait aussi un rire sardonique et couronnait les vainqueurs dans les jeux néméens. Elle est l'herbe qui assure la victoire sur la mortalité par le rire provocateur, défi du poète au temps. Ainsi, quand l'Enchanteur, vers la fin du poème, s'empare de la couronne des Rois rieurs, il en fait « *le ministre immobile du monde loquace* » (374). En d'autres termes, il arrête le temps, « *immobile* », et hérite de l'immortalité des souverains dans le nemeton ou monde de la parole, « *monde loquace* ».

À partir de ce moment-là, d'ailleurs, à une exception près, Apollinaire n'utilise plus que des verbes à l'imparfait, signe de l'inachevé et de l'infini : *passaient, se profilaient, me séparaient, j'avais, assombrissaient, se multipliaient* (*Po*, 374). Simultanément, les morceaux de lui-même et les ombres couvrent le monde.

Il faut relever un autre procédé stylistique qu'Apollinaire

emploie souvent pour traduire l'atemporalité : les *shifters*. Dans *Le Haut-langage* et *Structure du langage poétique*, Jean Cohen définit cette catégorie de figures poétiques. Il s'agit d'une classe de mots tels que *ici, maintenant* qui

> [...] ne peuvent accomplir leur fonction référentielle qu'en se référant [...] à l'instance de l'énonciation. Instance fournie dans le langage oral par l'occurrence physique de la locution. Dans le langage écrit, où manque ce repère situationnel, elle doit être relayée par les indications internes de l'énoncé [...] Si ces indications font défaut à leur tour, le shifter est frappé d'incapacité référentielle. (COHI, 102)

C'est le cas d'« *Onirocritique* » où rien, dans l'énoncé, ne permet de déterminer la période de l'occurrence, le *maintenant*. On y trouve trois indications temporelles vagues : *vers le matin, vers le soir, quand la nuit fut complète* (*Po*, 373). Sans autre moyen de repère textuel (comme une date, par exemple), l'utilisation du défini dans *vers le matin* (le soir, la nuit) désigne contradictoirement un certain matin et n'importe quel matin. *Vers le matin* n'est opposable à aucun autre matin, et « *ainsi est assurée la totalisation de la prédication* » (COHI, 103). Ce matin, ce soir et cette nuit se situent hors du temps réel. Ils ne marquent aucune progression temporelle de la narration. Ces trois *shifters* projettent le texte dans une atemporalité mythique.

La fin d'« *Onirocritique* » célèbre la victoire incontestée de l'enchanteur sur le temps et l'espace au moment où il vient également de retrouver son unité : « *Au niveau de l'homme régénéré, la dualité entre le monde et l'individu se trouve surmontée, au-delà du temps, il n'existe plus qu'une réalité unique, proprement anthropocosmique.* »[23].

Dans l'unité d'un monde sans division, l'opposition la plus intrinsèque de l'être, les « *éternités différentes de l'homme et de la femme* » (*Po*, 374), peut enfin être surmontée. Régénéré dans le nemeton, le poète-narrateur a retrouvé sa nature intégrale, « *the male and the female elements united in him* [...] *he is pictured as a hermaphroditic being* »[24]. Cette image de l'hermaphrodite symbolise la figure poétique et permet de résoudre un problème intrinsèque à la poésie : l'oxymore.

Apollinaire a évoqué cette question en 1908 : il avait « *conscience des éternités différentes de l'homme et de la femme* » (*Po*, 371), et le désir de voir deux « *animaux dissemblables* » (372) s'aimer. Dans ses écrits, il a fréquemment recours à des formules antithétiques où il réunit *mâle* et *femelle*, *rouge* et *blanc*, *soleil* et *lune*, etc.. Au niveau paradigmatique, de telles figures n'ont pas d'opposition, puisqu'elles contiennent leur propre négation. Mais, au niveau syntagmatique, la deuxième partie de la figure vient s'opposer à la première. Nous retrouvons-nous devant le système d'opposition qui règle la prose? À cette objection, Jean Cohen donne la réponse suivante : « [...] *une opposition paradigmatique suppose un trait commun, une catégorie par rapport à laquelle les deux traits opposés sont en rapport hyponymique.* » (COHI, 268-9). Dans les cas cités, la catégorie commune est l'androgyne alchimique qui les intègre dans sa totalité et qui n'a pas d'opposé.

Dans le monde « réel », le poète faisait face à deux oppositions : celle de l'homme et de la divinité qu'il résout dans le personnage mythique du poète-Enchanteur, divinité inversée, maîtresse de l'espace-temps, et celle de l'homme et de la femme :

[...] if the distance — and the relationship — between man and God is

represented by a vertical line, then the distance between man and woman, or between the corresponding powers of the soul, is represented by a horizontal line — which results in a figure like an inverted T.
(p. 149[25])

(« si la distance — et la relation — entre l'homme et Dieu est représentée par une ligne verticale, alors la distance entre l'homme et la femme, ou entre les pouvoirs correspondants de l'âme, est représentée par une ligne horizontale — ce qui donne un symbole en T inversé »)

D'après la doctrine alchimique, l'homme perdit son unité après la Chute et il est, maintenant, divisé à l'intérieur de lui-même. C'est pourquoi Adam et Ève ne se rendirent compte de la différence entre eux qu'au moment de quitter le paradis terrestre. Depuis, chacun cherche à retrouver sa nature intégrale : « [...] *à partir du moment où l'espèce a été sexuée, c'est-à-dire coupée en mâle et femelle, chacun des composants ne rêve qu'à rejoindre sa moitié complémentaire.* » (p. 106[4]).

De ces deux moitiés, la masculine est considérée comme étant le pôle actif, et la féminine, le pôle passif. Leur réunion est symbolisée, en alchimie, par le mariage du Roi et de la Reine, l'union du soufre et du mercure, du rouge et du blanc, du feu et de l'eau. La transformation de l'Enchanteur par le lent pourrissement de son corps en une divinité créatrice, omniprésente et atemporelle, est donc indissociablement liée à la réunion des opposés, les pôles masculin et féminin qui, pour s'accomplir, requiert également une mort et une résurrection :

[...] any given union presupposes an extinction of the earlier still differentiated, state. In the marriage of man and woman, each gives up part of his or her independance, whereas, the other way round, death (which in the first instance is separation) is followed by the union of the body with the earth and of the soul with its original essence. On "chemical marriage." Quicksilver takes unto itself Sulphur, and Sulphur Quicksilver, both forces "die," as foes and lovers. (p. 156[25])

(« toute union requiert la fin d'un état antérieur encore différencié. Dans le mariage de l'homme et de la femme, chacun abandonne une

31

partie de son indépendance, alors que, au contraire, la mort (qui est tout d'abord une séparation) est suivie par l'union du corps avec la terre et de l'âme avec son essence originelle. Dans "le mariage chimique", le mercure s'empare du soufre et le soufre du mercure, les deux forces meurent en tant qu'ennemis et amants »)

La réunion de l'homme et de la femme, ennemis et amants, dans la figure poétique totalisante (hermaphrodite) est donc avec la victoire sur l'espace et le temps la deuxième conquête que célèbre l'Enchanteur dans le nemeton; c'est ce que le langage alchimique nomme, en associant deux termes antithétiques, la *conjunctio oppositorum*.

Toutes les légendes des enchanteurs représentent symboliquement cette union : dans la relation conflictuelle de Merlin et Viviane qui doivent se détruire pour se retrouver dans la maison de verre, « *monde clos, autre monde, verger où la dyade, union sacrée du dieu frère et de la déesse sœur trouve son accomplissement* » (p. 122[4]); par l'union du soufre et du mercure dans l'athanor de l'alchimiste.

Dans l'œuvre de l'époque, la séparation des principes féminin et masculin et leur réunion subséquente avec la victoire éclatante de l'œuvre au rouge (la dernière étape du Grand Œuvre alchimique) trouvent leur expression la plus intense dans *L'Enchanteur pourrissant*.

La Dame du lac, Viviane, a enchanté Merlin avec les sortilèges qu'il lui avait enseignés; puis, lasse, elle s'est assise sur sa tombe. Il est mort, mais son âme est restée vivante; il est actif, il parle d'une « *véritable voix inouïe* » (*Pr*, I, 11), et il attire ses créatures autour de lui. Elle est vivante, mais silencieuse. Passive, elle ne danse plus et se plaint que les hommes prennent les femmes pour des fantômes et ne peuvent pas les saisir. L'homme et la femme sont séparés à jamais. Mort, il vit encore dans son âme; vivante, elle est en partie morte au monde. Elle est sur la terre; il est sous sa pierre tombale. Ils

32

se complètent et, pourtant, ils ne peuvent pas se comprendre :

[...]. La femme et l'homme ne se ressemblent pas et leurs enfants leur ressemblent.
Mais nous nous ressemblons, parce que je t'ai tout appris, tout ce qui me ressemble. Nous nous ressemblons et n'avons pas d'enfants qui nous ressemblent. Ô toi que j'aimais, tu me ressembles.
Nous nous ressemblons, mais l'homme et la femme ne se ressemblent pas. [...]. Ô toi que j'aimais, toi qui me ressembles, tu ressembles aussi à toutes les autres femmes.   (*Pr*, I, 71)

Ce long monologue de Merlin, à la fin du conte, pose clairement la différence entre l'antithèse prosaïque et l'oxymore poétique. Dans le monde réel, l'homme et la femme ne peuvent jamais se ressembler, les opposés sont, et doivent rester distincts pour assurer l'intelligibilité du monde. Les enfants des couples humains continueront cette opposition. Dans la figure poétique symbolisée par le couple Merlin-Viviane, les opposés s'intègrent, forment une unité ressemblante, homogène, indissociable. Dans les deux mondes, poétique et réel, l'outil (le langage) et ses éléments (les mots) sont les mêmes. Mais, dans l'oxymore poétique, il y a naissance d'un être nouveau et complet. L'intégration poétique se reflète dans l'homophonie presque parfaite du paragraphe. Tel monologue serait rejeté par la prose étant jugé redondant et répétitif. En poésie, les assonances en *an* et les allitérations en *m* ainsi que la répétition lancinante du signe *ressembler* (onze fois) traduisent, dans la forme, la totalisation de la figure.
L'union de deux éléments opposés pour en former un troisième unique se traduit, dans le domaine pictural, par l'usage exclusif des couleurs *blanche* et *noire* dans les représentations graphiques qui accompagnent certains poèmes d'Apollinaire : les gravures sur bois de Dufy pour *Le Bestiaire* et celles de Derain pour l'*Enchanteur*. Les artistes y jouent de la combi-

naison et du contraste entre le blanc et le noir pour dessiner leurs illustrations.

Apollinaire a fréquemment recours à des oxymores d'inspiration alchimique quand il décrit l'Enchanteur et sa Dame. À la fin de l'*Enchanteur*, la Dame regagne son palais « *plein de lueur de gemmes, au fond du lac* » (*Pr*, I, 72) et le poète associe Viviane à l'eau. Dès les premières lignes d'« Onirocritique », l'Enchanteur se place sous le signe du feu : « *Les charbons du ciel étaient si proches que je craignais leur ardeur.* » (*Po*, 371). La fin du conte et le début du poème se relient en une immense figure englobante[26].

L'oxymore masculin-féminin est à la base d'« Onirocritique ». Le leitmotiv d'« Onirocritique », « *Mais j'avais la conscience des éternités différentes de l'homme et de la femme* » (*Pr*, I, 73)[27], qui en pose le problème, revient à quatre reprises dans ce chapitre. Il reprend le dernier dialogue de l'Enchanteur et de la Dame du lac dans *L'Enchanteur pourrissant* : « [...] *l'homme et la femme ne se ressemblent pas.* » (71) et « *réapparaît dans une chronique d'art de la même année consacrée à Marie Laurençin : "Elle a la conscience des différences profondes qui existent entre l'homme et la femme [...]".* » (BURGOS ; *EP*, 179 n.e). Dans « Onirocritique », on trouve d'abord ce refrain au début du texte ; et, les images qui suivent jouent de l'opposition/union entre les principes masculin et féminin :

Mais, j'avais la conscience des éternités différentes de l'homme et de la femme. Deux animaux dissemblables s'accouplaient et les rosiers provignaient des treilles qu'alourdissaient des grappes de lunes. De la gorge du singe il sortit des flammes qui fleurdelisèrent le monde.   (*Po*, 371)

La différence entre les animaux soulignée par l'adjectif *dissemblables* est suivie d'un essai de réintégration : *s'accouplaient*. Il s'agit d'une union impossible dans le monde réel où seuls les animaux de la même race peuvent s'accoupler. Dans le poème, la couleur *rouge* (symbolique du principe masculin) des rosiers et des flammes s'allie à la couleur *blanche* (symbole du principe féminin) des grappes de lunes et de la fleur de lys. Ce sont les « *flammes qui fleurdelisèrent le monde* », réussissant, au moment où elles s'emparent de la totalité de l'espace (« *le monde* »), l'union parfaite de deux principes tout en préservant leur différence. Le substantif *flammes* et le verbe *fleurdeliser* se trouvent en rapport hyponymique sous la catégorie : « fleur ». Il s'agit d'une fleur du monde onirique ou simultanément « fleur-flamme » et fleur de lys. Elle est la seule fleur du monde qu'elle envahit, étant l'essence de la fleur, de la féminité et de la masculinité.

Vers le milieu du texte, le poète reprend le refrain suivi du vers : « *Le ciel allaitait ses pards. J'aperçus alors sur ma main des taches cramoisies.* » (*Po*, 372). Le ciel, tout à l'heure embrasé, donne maintenant du lait, blanchi. Cette action d'allaiter semble provoquer l'apparition des taches cramoisies (rouges) puisque Apollinaire emploie la préposition *alors*.

Plus loin, la phrase : « *Deux animaux dissemblables s'aimaient.* » (*Po*, 372) qui rappelle « *[d]eux animaux dissemblables s'accouplaient* » (371) du début, accompagne le leitmotiv. Le verbe *s'aimer* remplace *s'accoupler* et fait passer l'union du stade physique au stade spirituel.

Enfin, la phrase revient tout à la fin du texte au moment où le Grand Œuvre s'achève. Le poète-Enchanteur a obtenu le produit final symbolisé par les « *vaisseaux d'or* » (*Po*, 374). Et, à ce moment-là, l'union des deux principes va de pair avec la domination de l'ombre sur le temps et l'espace :

Mais, j'avais la conscience des éternités différentes de l'homme et de la femme. Des ombres dissemblables assombrissaient de leur amour l'écarlate des voilures, tandis que mes yeux se multipliaient dans les fleuves, dans les villes, et sur la neige des montagnes. (*Po*, 374)

35

Les animaux sont devenus des ombres, ce qui souligne le passage à une autre dimension, celle du magicien. Ces ombres et les yeux multipliés de l'Enchanteur ont tout recouvert, du rouge des voilures au blanc de la neige des montagnes, unissant enfin les opposés.

Cette intégration ne pouvait s'accomplir dans sa plénitude qu'à la fin d'« Onirocritique » quand l'Enchanteur domine l'entièreté du monde clos et infini qu'il vient de conquérir : le nemeton, monde loquace dont le poète est le ministre. Tel un dieu, il a donné naissance à un cosmos de la parole.

Dans cette partie, nous avons essayé de préciser le concept de nemeton, endroit magique que le poète-Enchanteur atteint dans le poème. Il a quitté un monde qui se caractérisait par une fragmentation en parties distinctes et opposées de l'espace-temps. La compréhension de ce monde par le reste des hommes dépendait de cette partition. Faux-messie, il est né à un état d'unité absolue dans un univers qui n'est plus soumis à l'espace à trois dimensions : le poème. C'est parce que l'espace-temps maintient le monde réel dans la partition, que l'Enchanteur doit le dominer. Le recours au rêve et au mythe, l'ubiquité, la multiplication, l'agrandissement, la simultanéité sont autant de procédés, traditionnels ou innovatifs, qui permettent au poète d'envahir tout l'espace de son univers, d'en éliminer la fragmentation, de faire disparaître l'opposition figure/fond et de former avec sa créature un objet poétique total. L'androgyne alchimique, oxymore parfait, symbolise la figure poétique qui ne se définit par rapport à aucun contraire.

La première phrase de la Genèse annonce qu'au commencement il y avait le Verbe, et, que c'est le Verbe divin qui, en se faisant chair, a créé le monde. Apollinaire, féru d'alchimie et d'occulte, fait écho à la légende biblique dans *Le Bestiaire*, où le poète est « *la voix que la lumière fit entendre* » (*Po*, 3). Il s'inspire du livre sur *Les Grands Initiés* de Schuré où l'on peut lire ces mots qu'Osiris adresse à Hermès : « [...] *le feu que tu as vu jaillir des profondeurs, c'est le Verbe* [...] *Le Verbe est en toi. Ce qui est en toi entend, voit, agit, est le verbe lui-même, le feu sacré, la parole créatrice.* » (p. 154[15]). À l'issue de la quête, l'enchanteur détient le pouvoir divin de créer par le langage un monde nouveau. Comme l'écrit Apollinaire dans le « *Poème lu au mariage d'André Salmon* » en 1909, les poètes ont « *des droits sur les paroles qui forment et défont l'Univers* » (*Po*, 84). Ceux « *qui sont fondés en poésie* » (83) renouvellent le monde en renouvelant le langage. Pour Rimbaud avant lui, les hommes exceptionnels qui se veulent « *poètes du nouveau* » doivent « *trouver une langue* »[28]. La poésie, en effet, « *n'est pas une belle prose, mais un langage que le poète a dû inventer pour dire ce qu'il n'aurait pu dire autrement* » (COH2, 163).

En nous fondant sur ces précisions, nous pouvons, à présent, étudier ce langage au travers de ses figures dans « *Onirocritique* ». Ce poème présente un intérêt particulier parce qu'il ne suit pas le schéma poétique traditionnel de la versification du mètre et de la rime. Son étude nous permettra de cerner en quoi consiste la poéticité d'un texte et de formuler les caractéristiques formelles d'un langage incantatoire qui dit ce qui est « *indicible en prose* » (COH2, 163).

II

LE HAUT-LANGAGE[29] :

ANALYSE D'« *ONIROCRITIQUE* »

« *L A parole est soudaine et c'est un Dieu qui tremble* » (*Po*, 311), écrit Apollinaire dans le poème « *La Victoire* » en 1917. Dans le jaillissement de la parole poétique, on trouve effectivement la marque de la divinité de l'enchanteur : « [...] *l'action magique attribuée au poète-prophète figure le pouvoir démiurgique des mots.* »[30]. Ce sont les mots qui créent l'émerveillement par la magie de leurs sons et de leur agencement : « [...] *la poésie est un émerveillement, très exactement au niveau de la parole, dans la parole, par la parole.* »[31].

Cette parole que le poète-enchanteur a reçue au moment de sa mort au monde est le matériau avec lequel il construit un univers d'une réalité langagière. Apollinaire décrit ainsi le pouvoir des mots chez son ami, le poète André Salmon : il « *crache des constructions plus solides sur leurs bases mentales que les monuments de pierre. Ses paroles ont plus de réalité que les objets mêmes du sens qu'elles expriment. Son souffle anime des personnages dont la vérité corporelle est la consé-quence de l'existence qu'il leur donne* » (*ŒC*, III, 822). Le lan-gage poétique ne décrit pas le monde extérieur comme il sem-ble ; l'apparence est le domaine de la prose. Et, une fois qu'il a rejeté la fausse réalité, le poète n'obéit plus aux règles et à la logique qui régissent le langage ordinaire. S'il emprunte des éléments au monde « réel », il les distille afin d'en extraire l'essence. Le poète projette une vision intense d'un univers autarcique dont il saisit et orchestre les rapports[32] dans le poème. La poésie « *est la science du monde qui est le sien* [...] *qu'elle décrit en sa propre langue* » (COH1, 38).

Apollinaire, dans ses poèmes, met souvent en relief les aspects qui opposent le langage poétique à la prose :

L'ÉLÉPHANT

Comme un éléphant son ivoire,
J'ai en bouche un bien précieux.
Pourpre mort !... J'achète ma gloire
Au prix des mots mélodieux.   (*Po*, 14)

Dans ce petit quatrain extrait du *Bestiaire*, Apollinaire compare la parole poétique à l'ivoire de l'éléphant. Le verbe est la valeur, la gloire du poète, la manifestation de son don magique. Pourtant, Apollinaire nomme ce bien précieux : « *Pourpre mort* ». Cette exclamation, en apparence paradoxale, résume en deux mots toute la distance qui sépare la prose de la poésie. Au niveau de l'image, la couleur *pourpre* évoque le feu alchimique, l'accomplissement de l'œuvre au rouge ; cette expression rappelle aussi que le langage poétique est né d'une mort, la perte du sens prosaïque. Le poète devra racheter, redonner un sens au langage, « *la poésie* [...] *n'est pas possédée de "l'esprit de négation". Elle ne détruit que pour reconstruire* » (COH2, 202).

Ce vers peut également se lire au niveau strictement formel. « *Pourpre mort !...* » (*Po*, 14) présente une double déviation des règles de la prose : d'une part, la mort, une abstraction, ne peut avoir de couleur concrète. D'autre part, la place des adjectifs de couleur en français est, habituellement, après le substantif. La position préposée qui signale un sens figuré est une anomalie dans cet exemple. L'inversion de l'adjectif *pourpre* vient doubler un écart sémantique. L'adjectif est donc à la fois impertinent et inversé. Au niveau prosaïque, par son agrammaticalité, la phrase perd son sens. Elle n'a plus d'opposé dans un système qui ne fonctionne que sur des oppositions. En effet, l'opposé de l'expression impertinente *Pourpre mort !* « *reste frappé d'interdit* » (cohi, 110). Une expression telle que « blanche vie » n'existe pas[33]. À ce titre, « *elle échappe au principe universel d'oppositions* » (111) « *et ne peut en conséquence accéder à l'actualisation implicite* » (110). Il faut récupérer le sens de ce vers dans le domaine poétique. La phrase, délivrée au niveau lexical et syntaxique de « *cette négation inhérente à la non-poésie* » (36), envahit dans sa positivité la totalité de cet univers magique où, pourrait-on dire, toute mort est pourpre et toute couleur pourprée synonyme de mort. C'est l'agrammaticalité de la figure poétique qui en garantit la totalisation.

La figure s'accompagne d'un point d'exclamation suivi de trois points de suspension. « *Pourpre mort !...* », le vers commence dans un cri qui s'atténue ensuite. Le poète semble hésiter face au destin qui lui est imparti. Le « *bien précieux* » qu'il a à la bouche a son prix. L'éléphant paie souvent son ivoire de sa vie, de même, le poète doit accepter la « *pourpre mort !...* ». Dans ces deux mots, il exprime toute « *l'intensité pathétique* » (cohi, 36) du langage poétique. Avec seulement deux « *mots mélodieux* », le poète peut démontrer son extraordinaire pouvoir d'émerveiller.

Ce court vers d'Apollinaire confirme la remarque critique de Cohen selon laquelle « *la poésie est totalisation de la prédication tandis que la prose en est la partition* » (cohi, 102). Le langage poétique, dans sa forme comme dans ses images, reflète le nemeton, monde totalisant de l'enchanteur où les

41

opposés n'existent plus. Alors que dans la prose « *le mot ne conquiert son identité que comme résidu de sa différence et ne se définit plus que comme l'autre de l'autre* » (126), la poésie, elle, exprime « *l'absoluité du signe et la splendeur du signifié* ». Le mot y est générique, total et, par là, pathétique.

Apollinaire consacrera un autre quatrain, « *Le Cheval* », à l'aspect formel de sa poésie :

LE CHEVAL

Mes durs rêves formels sauront te chevaucher,
Mon destin au char d'or sera ton beau cocher
Qui pour rênes tiendra tendus à frénésie,
Mes vers, les parangons de toute poésie.   (*Po*, 5)

Dans ce poème du *Bestiaire*, Apollinaire comparera sa poésie au cheval ailé, Pégase. Pour le poète, ses vers, représentatifs de la poésie tout entière, sont une exaltation de langage : durs, ils chevauchent le cheval ailé (de la gravure) qui, tel Pégase, vole vers le feu des dieux ; et ils sont « *tendus à frénésie* », à l'excès. Le langage poétique est un éclatement de joie, une exubérance, les mots sont des « *bouquets* » (*Po*, 309) cueillis aux « [*j*]*ardins de la lumière* », puisque chacun d'eux rayonne dans sa plénitude. Dans la poésie, le lecteur saisit le langage à sa source, au moment où, verbe magique, il crée un faux monde, qui, « dur rêve formel », n'a d'autre raison d'exister que sa présence sur la page et qui, en conséquence, ne s'oppose à aucun vrai monde. En lisant le poème, on se trouve face à un « *art du paroxysme, technique d'animation ou plutôt de réanimation de cette puissance originelle du langage que la prose a refoulée* » (cohi, 242). Pour les poètes-enchanteurs,

[...] the purest poetic act seems to re-create language from an inner experience that, like the ecstasy or the religious inspiration of the "primitives," reveals the essence of things.   (p. 510[13])

42

(« l'acte poétique le plus pur semble être de re-créer le langage à partir d'une expérience intérieure qui, comme l'extase ou l'inspiration religieuse des "primitifs" révèle l'essence des choses »)

C'est pourquoi, pour le néophyte, le langage poétique reste ésotérique. Apollinaire qualifie ses rêves formels de « *durs* » (*Po*, 5) car leur sens — l'éprouvé ou pathème — n'est pas immédiatement compréhensible pour celui qui en cherche l'idée claire. Et, en 1908, Apollinaire se rendait parfaitement compte de cet ésotérisme inhérent au discours poétique qu'il qualifiait d'*obscur* quand il écrivait à propos du poète symboliste Royère : « *Voici que tout est miraculeux. Cette langue est claire comme les flammes de la Pentecôte et ces poèmes sont plus beaux à cause de leur obscurité.* » (*ŒC*, III, 781). Royère, rapporte Apollinaire, disait lui-même : « "*Ma poésie est obscure comme un lis*" » (782). Ce dernier oxymore est révélateur du sens poétique car il définit les deux niveaux de compréhension de la poésie.

La poésie démantèle la structure oppositive qui caractérise la prose. Or,

Une idée n'est claire que si nous pouvons la situer à l'intérieur d'un système d'oppositions. [...] Le langage non-poétique, de par sa structure nomino-verbale, est composé de termes opposables et c'est par là qu'il est conceptuel, et c'est par là qu'il est clair. Le langage poétique au contraire — pour la raison inverse — doit être considéré comme naturellement obscur. Toute poésie est obscure pour autant qu'elle est poétique. Et c'est la raison pour laquelle la poésie est intraduisible. La transposer en langage clair, c'est en perdre la poéticité. (COHI, 182-3)

Le langage poétique ne fait pas appel à la raison, mais aux sens. Pour celui qui lit en se fondant sur un système de référence conceptuel, la signification poétique reste hermétique ; il se trouve face à une série de signes qu'il ne peut déchiffrer. Mais, l'obscurité inhérente à la poésie se dissipe quand la lecture se transfère au niveau du pathème. C'est là où la poésie trouve sa vérité : « *Le poème hermétique peut se définir para-doxalement comme expression claire d'une pensée obscure et qui se veut telle parce que dans l'obscurité du concept elle trouve sa propre vérité pathétique.* » (COHI, 184).

À la joie de révéler les objets dans leur essence s'ajoute celle de recréer un langage. Le poète communique le dynamisme et la nouveauté de l'acte créateur. Alors que la prose, « *ces vieilles langues* [...] *tellement près de mourir* » (*Po*, 310), appartient au domaine dénotatif ; elle décrit ou rapporte le monde connu selon des règles établies ; la poésie, qui est connotative, exalte « *cette joie de voir des choses neuves* » (311), qu'elle doit exprimer avec un nouveau langage. Elle fait fi des règles qui la restreindraient :

> Ô bouches l'homme est à la recherche d'un nouveau langage
> Auquel le grammairien d'aucune langue n'aura rien à dire
> (*Po*, 310)

Sans les limitations imposées par la grammaire, le poète se trouve face à un champ immense d'innovations possibles. Les écarts de langage sont virtuellement innombrables.

La prose sert à informer. Pour comprendre, il faut pouvoir différencier le plus possible entre les signes, c'est pourquoi la prose est un système fondé sur la différence. La poésie « *transgresse la loi d'informativité* » (COHI, 242), elle sert à exprimer l'intensité et l'allégresse d'une expérience enchanteresse. Ce qu'elle dit, elle le redit avec de plus en plus de force : « [...] *de nouveaux sons de nouveaux sons de nouveaux sons* » (*Po*, 310). La redondance dont la poésie fait grand usage est un écart vis-à-vis de la prose, mais aussi un « *trope d'intensité* » (COHI, 231) qui contribue au pathétisme du discours :

> Le discours poétique relève d'un principe de cohérence interne ou convenance du prédicat au sujet. Elle est assurée, aux niveaux phra-

siques et transphrasiques, par l'accord ou « correspondance » pathétique des termes que le discours associe. Le texte poétique peut être considéré à ce titre comme une tautologie pathétique, par quoi il se constitue comme langage absolu. (COHI, 36)

Le poète-enchanteur n'explique pas, il cherche à faire connaître au lecteur une émotion intense par son langage incantatoire. À chaque relecture, ce dernier peut revivre (co-naître) une quête toujours nouvelle et en éprouver l'émerveillement par la magie du verbe,

[...] et c'est pourquoi la relecture poétique n'est jamais redondante. Le poème est inépuisable parce qu'il est saisi comme éprouvé et que l'éprouvé est un événement [...]. L'expérience est toujours à vivre ou à re-vivre. Et le langage qui l'exprime est lui aussi un vécu, un moment d'existence. (COHI, 176)

Au niveau du texte, Cohen distingue trois types de similarité : du signifiant (homophonie : rimes, paronomases — allitérations et assonances), du signifié (synonymie) et du signe (répétition ; comme une sonate, le texte poétique est une mélodie formée de variations sur quelques notes).

Cohen distingue quatre étapes principales dans l'entreprise poétique qu'il nomme :
— déviation ;
— totalisation ;
— pathétisation ;
— répétition (voir COHI, 238)

La déviation grammaticale entraîne la totalisation du sens qui provoque le sentiment d'intensité (que Cohen appelle *pathétisation*) sur l'axe paradigmatique (de la langue) ; sur l'axe syntagmatique (du discours), « *les termes réanimés trouvent leur motivation textuelle dans la similarité de leurs pathèmes respectifs* » (COHI, 238). Tout se joue à l'intérieur du texte poétique, véritable nemeton de la parole.

Un calligramme de 1914, « *Cœur couronné et miroir* » illustre cet autocentrisme. Le nom du poète, Guillaume Apollinaire, est contenu dans un ovale qui est le poème : « *|Dans ce miroir je suis enclos vivant et vrai comme on imagine les anges et non comme sont les reflets|* » (*Po*, 197). Comme Merlin dans sa tombe, le poète trouve sa vérité dans les confins du texte poétique, le nemeton ne doit plus rien à l'extérieur : « [...] *le texte ne renvoie qu'à lui-même et s'avère en tant que tel indépendant de tout contexte.* » (COHI, 214).

« *Onirocritique* », par exemple, est un poème en cercle fermé, totalement tourné sur lui-même, puisqu'il est critique du rêve, poème sur le processus poétique.

Le monde d'« *Onirocritique* » se limite à l'univers créé par les mots sur les pages. En eux, tout est inclus. Par leur enchaînement, ils déterminent la création de leur monde, sans intervention extérieure. Ils ont leur propre système de cause et effet et leur propre logique intérieure. Ainsi, un son, une allusion entraîne la suite des phrases par homophonie ou synonymie et modèle le sens du texte[34]. L'étude d'« *Onirocritique* », qui, à la différence des autres poèmes de 1908, fut écrit en prose, permet de *disséquer* le fonctionnement du langage qui tisse le monde de l'Enchanteur. Sa poéticité ne peut ici parvenir de l'application des règles de la versification et de la rime, mais elle naît des figures elles-mêmes et du sens qui en découle.

Avant d'aborder l'analyse du poème nous invitons le lecteur à reprendre une vue intégrale du texte (*Po*, 371-4)[35].

Nous organiserons notre analyse de ce poème autour des grandes lignes proposées par Cohen dans *Le Haut-langage*. Nous verrons comment chacun des quatre temps de l'entreprise poétique participe et mène à la totalisation de la prédication. Nous relèverons d'abord les nombreuses déviations de langage qui se regroupent sous quatre catégories principales :

les *shifters*[36], les impertinences logico-sémantiques (dont les anthropomorphismes), les mots formés de deux termes appartenant à des domaines de référence différent qui échangent leurs traits inhérents et forment une nouvelle entité unique (comme le *fleuve-épée*), et la parodie. Ensuite, nous dégagerons les exemples d'homophonies dont l'incidence augmente vers la fin du texte. Nous étudierons une autre répétitivité complémentaire : la répétition du signe, et nous verrons comment les signes changent en se répétant et culminent à un paroxysme. Cette répétitivité déborde d'ailleurs les frontières du poème pour s'étendre à toutes les œuvres de 1908. Enfin, dans un dernier temps, nous étudierons les exemples de totalisation même : les choses-mondes et les êtres-mondes. Il s'agira de démontrer que « *la poésie est un langage sans négation, la poésie n'a pas de contraire. Elle est comme telle un procédé de totalisation du sens* » (COHI, 79).

L'étude formelle du poème nous permettra, en outre, de réaffirmer le message transmis par les images : les agrammaticalités correspondent aux images de rupture et de fausseté (le monde de l'enchanteur-antéchrist est l'envers du monde réel dont il est coupé), les images et le langage traduisent la totalisation (de ce monde délivré de l'espace-temps) et la pathétisation (qui exprime le triomphe de la vérité poétique, l'émerveillement), le thème de « l'éternel retour », de la quête toujours recommencée dans un univers clos se suffisant à lui-même s'articule sur le mode de la répétitivité qui marque le texte poétique.

Parmi les agrammaticalités, on remarquera qu'Apollinaire ne fait guère usage de l'épithète antéposé auquel Cohen accorde une place primordiale dans sa critique. En revanche, on peut identifier de nombreux *shifters* qui se divisent en trois catégories : certains se réfèrent aux entités qui apparaissent dans le texte, les autres sont des *shifters* de lieu ou de temps.

Dans la première phrase : « *Les charbons du ciel étaient si proches que je craignais leur ardeur* » (*Po.* 371), on remarque que l'on passe de la troisième personne qui dominait *L'Enchanteur pourrissant* à la première. « Onirocritique » se démarque, donc, tout de suite du reste du volume et s'impose en unité isolée.

Le *shifter je* va assurer la narration dans l'ensemble d'« Onirocritique ». Ce *je* ne représente ni l'émetteur du message, ni le poète, ni l'enchanteur Merlin, ni le rêveur ; mais une sorte de *sur-je* qui les inclut tous : « [...] *il n'est pas de mot dans le dictionnaire pour signifier "le poète essentiel et absolu", la figure réussit à en créer un.* » (COH2, 158).

Ce *je* fera brièvement place au *nous* à la fin du paragraphe : « *Nous lui demandâmes - Nous nous dirigeâmes* » (*Po,* 371). Le *nous* a une valeur plus englobante que le *je.* Ce pronom collectif peut inclure le lecteur ou d'autres protagonistes du récit. Normalement, le contexte indique les membres compris dans le *nous.* Ici, en l'absence de toute référence, le défini *nous,* comme le *je* passe du connu à l'inconnu ; la définition du *nous* est réellement illimitée, sans contraire. Le *nous* et le *je* font face à un antagoniste tout aussi indéfini et totalisant : *on.* « *On lui ouvrit le ventre - On nous servit.* » (372). Le pronom indéfini *on* qui peut se référer à une personne quelconque ou à tout le monde est le pronom *shifter* absolu.

La suite du texte confirme la fonction totalisante du pronom *je.* Les phrases : « [...] *je me vis au centuple. La troupe que j'étais s'assit au bord de la mer.* » (*Po,* 372), mettent en question la définition grammaticale du *je,* pronom personnel de la première personne du singulier. Le *je,* figure poétique, peut être « *centuple* » et « *troupe* » incluant *nous* et *eux.* Le *je* en tant que *shifter* est non seulement frappé d'incapacité référentielle dans le texte, mais encore coupé de ses fonctions grammaticale et sémantique traditionnelles. « *Onirocritique* », par ses stratégies de répétition et de fragmentation, redéfinit le *je* comme poète absolu aux pouvoirs illimités. Le Je-Enchanteur se multiplie en se reflétant infiniment dans les créatures du poème. Il est à la fois créateur, procréateur et création. Ce faisant, il assume une fonction cosmogonique semblable à celle de figures mythiques (Zeus par exemple) : « [...] *cent flammes vinrent à ma rencontre. Je procréai cent enfants mâles* [...] ». Les enfants mâles ne sont pas séparés de leur géniteur, mais autant de reflets du Je. Il faut qu'il soit tué quatre-vingt-dix-neuf fois pour redevenir unique : « [...] *ils m'y tuèrent quatre-vingt-dix-neuf fois* » (373). Le *shifter je* ne représente plus une fraction de l'espace-temps, un être dans le monde, s'opposant aux autres êtres, mais un être-monde, (pro-)créateur d'un univers dont il est aussi toutes les créatures. Le Je poétique, père et fils d'un monde à son image, atteint une dimension divine.

Le leitmotiv de l'unité des oppositions incompatibles contient deux *shifters*, *l'homme* et *la femme*. L'article défini confère une certaine ambiguïté sémantique à la phrase. Il peut s'agir d'un homme et d'une femme identifiables (par exemple Merlin et Viviane, si « Onirocritique » s'intègre à *L'Enchanteur pourrissant*) ou non identifiables, génériques : l'homme et la femme en tant que catégorie absolue, essentielle (si « *Onirocritique* » est un poème en prose indépendant). Dans les deux cas, le leitmotiv nous indique la ligne directrice du texte qui, dans le choix des mots, des formes et des couleurs va continuellement opposer et intégrer « l'homme et la femme » et leurs « éternités différentes ». Il résume toute la quête de l'enchanteur : comment transformer un langage d'oppositions en un langage d'unité? En effet, si les *shifters l'homme* et *la femme* pris individuellement ne s'opposent à aucun autre, ils semblent s'opposer entre eux, « éternités différentes ». L'opposition *homme/femme* n'est qu'apparente, les deux termes sont en rapport hyponymique, ce qu'illustrent l'accouplement puis l'amour des animaux dissemblables, symbolisé par la figure alchimique de l'hermaphrodite. À la fin du texte, l'homme et la femme sont fusionnés dans un *shifter* absolu, les ombres : « *Des ombres dissemblables assombrissaient de leur amour* [...]. » (*Po*, 374).

La première allusion à l'homme et à la femme est suivie d'un autre *shifter* : « *De la gorge du singe il sortit des flammes qui fleurdelisèrent le monde.* » (*Po*, 371). De quel singe s'agit-il? Il n'en a jamais été question auparavant. Pourtant, il est introduit par l'article défini, *le*. Il est « le singe », comme il y avait « l'homme » et « la femme ». Dans le monde de l'Enchanteur, il n'existe plus d'individu identifiable, mais des entités génériques. De plus, le seul animal, mythique d'ailleurs, de la gorge duquel puissent sortir des flammes est le dragon. Ici, c'est un animal réel qui reçoit la particularité d'un monstre imaginaire créant ce que Cohen appelle une impropriété encyclopédique. Pourtant, le choix de cet animal particulier, le singe, ouvre d'autres possibilités interprétatives. Le singe, selon la théorie darwinienne de l'évolution, partagerait un ancêtre commun avec l'homme. Il contiendrait donc en lui l'animal et l'humain. La suite d'« *Onirocritique* » va d'ailleurs confirmer le rôle totalisant de ce *shifter*. « *Des singes pareils à leurs arbres violaient d'anciens tombeaux.* » (372). Dans cette phrase, les singes (animaux) sont semblables aux végétaux sur lesquels ils vivent (leurs arbres) en vertu d'une espèce de mimétisme, mais en violant d'anciens tombeaux ils accomplissent une action jugée sur le code de la morale humaine. Dans la phrase suivante, le Singe traverse encore les limites du royaume animal : « *J'appelai une de ces bêtes sur qui poussaient des feuilles de laurier* ». La bête — le Singe — a des caractéristiques végétales : des feuilles poussent sur elle. Pourtant, comme les héros et les poètes de l'antiquité, elle est couverte de laurier, signe de gloire. L'animal-végétal-héros (le poète?) forme une métaphore complète qui totalise les registres de signification. D'ailleurs, le singe est considéré comme un animal mimétique, un imitateur ce qui lui permet d'assumer plusieurs rôles. Quelques mois avant sa mort, en 1918, Apollinaire aura le projet d'écrire un conte, « L'Abbé Maricotte » ; il y définira sa vision d'une création totalisante : « [...] *d'un côté, l'idée que Dieu s'étant incarné dans un homme pourrait aussi le faire dans une femme, de l'autre, que l'incarnation, qui a eu lieu dans un corps humain, pourrait se manifester également dans tous les règnes de la Création, animal, végétal ou minéral* [...]. »[37]. Le singe est un exemple parfait de cette création.

C'est par les *shifters* que le monde d'« *Onirocritique* » se libère des limites imposées par l'espace-temps en les brouillant. La première indication de lieu apparaît au début de la première page : « *Orkenise parut à l'horizon.* » (*Po,* 371). Même si Apollinaire a emprunté Orkenise aux légendes arthuriennes, le mot fonctionne ici comme *shifter*. En effet, la ville n'est pas identifiée comme telle ; bien que nommée, elle reste inconnue. L'existence même de cette cité est mise en question dans le texte. Son apparition soudaine est signalée par une phrase laconique qui la situe dans un endroit indéterminé et illimité, l'horizon. Orkenise s'évanouit du texte tout aussi rapidement qu'elle y était venue. C'est seulement « un chant merveilleux » qui la fait vivre. Elle devient l'essence de la ville, une cité unique n'appartenant qu'au poème, et elle ne doit son existence qu'à la magie des mots. Son nom, *Orkenise* va entraîner l'apparition, à la phrase suivante, d'une autre référence aux légendes d'Arthur : « *Nous nous dirigeâmes vers cette ville en regrettant les vallons où les pommiers chantaient, sifflaient et rugissaient.* ». Les *vallons* sont homonymes de l'île d'*Avalon* ou île aux pommes («"*avallon*", *pluriel de* "*aval*", *signifie* "*pommes*" *en ancien breton* » (BURGOS; *EP*, 179 n.*p*)). Il s'agit donc d'une île magique puisqu'elle est l'île des fées où résidèrent Morgane et Viviane, la Dame du lac. Alors que la ville d'Orkenise dénomme la cité des hommes — gardes, charretier, ou va-nu-pieds — Avalon indique l'île des femmes. Plus loin, l'île réapparaîtra, et dans ses vergers, le Je y cueillera des « *fruits semblables à des femmes* » (*Po*, 373), ce qui est une allusion directe à Avalon. Orkenise et Avalon, sorties du contexte arthurien, fonctionnent en *shifters* et en symboles de la poésie. Le jeu de référence est brouillé car *Orkenise* et *Avalon* — mots autocontestataires — signifient et nient leur signification en même temps. L'île « *à la dérive* » et Orkenise « *à l'horizon* » (371) sont des mondes flottants qui appartiennent à l'ici et l'ailleurs, figures issues d'un rêve, elles se confondent au fond, mer ou terre.

La situation temporelle du poème est tout aussi vague. Le conte qui le précède, l'*Enchanteur*, le situerait à l'époque de Merlin. Et, vers le début du texte, plusieurs images rappellent les blasons médiévaux. Le verbe *fleurdeliser* (« orner de fleurs de lis »), par exemple, a un sens héraldique qui entraîne, à la phrase suivante, l'apparition de l'Hermine, qui est « *l'une des deux fourrures héraldiques* » (BURGOS; *EP*, 179 n.*k*) : « *Dans les myrtaies une hermine blanchissait. Nous lui demandâmes la raison du faux hiver.* » (*Po*, 371). Ici, le poème se situe dans une saison spécifique, l'hiver, mais, il y a renversement de la règle de cause et effet : dans la nature, l'hermine blanchit à cause de l'arrivée de l'hiver. Ici, le blanchissement de l'Hermine semble provoquer l'hiver, puisqu'on lui en demande la raison. Il ne s'agit pas de l'hiver, mais du « *faux hiver* ». Cette expression est doublement déviante. Le *faux hiver* est un *shifter*, puisqu'il n'existe qu'une saison appelée l'hiver; il ne peut y avoir de *faux* hiver s'opposant à un *vrai* hiver. Les deux adjectifs sont également déviants. Dans le poème, il n'existe qu'un seul hiver dans ce monde enchanté, il est causé par l'Hermine blanchissante et donc, nécessairement faux. D'autres expressions temporelles tout aussi vagues, *vers le matin - vers le soir - quand la nuit fut complète* totalisent la prédication en brouillant les références. Comme nous l'avons remarqué, ce matin, ce soir et cette nuit sont, en même temps, un matin particulier et tous les matins. Ils ne s'opposent plus à aucun autre soir, matin ou nuit.

Le temps choisi, l'imparfait, qui va d'ailleurs prévaloir dans l'ensemble du texte, exprime une action inachevée dans le temps puisqu'il n'indique ni commencement, ni fin. C'est le passé pour toujours, non-référé, mais un passé non figé, flottant.

Le titre du poème confirme l'illimitation de la temporalité. Il faut noter le parti pris par Apollinaire de placer le dernier chapitre de l'*Enchanteur* dans un monde « rêvé ». La conscience onirique, en abolissant l'organisation du champ en figure/fond, est une conscience totalisée. Et pour reprendre les mots de Jean Cohen, « *le rêve ne connaît* [...] *ni avant, ni après. Il est tout entier dans la présence, il n'a pas de dimension d'absence par où il pourrait être autre que ce qu'il est. Et c'est en tant que tel que le rêve est poésie pure* » (COH1, 275). Donc, dès le titre, nous savons que nous entrons dans le domaine atemporel de la poésie pure.

Les *shifters* peuvent se dissimuler sous une précision arbitraire. Ainsi, on remarque l'utilisation, plus fréquente dans la deuxième partie du poème, de chiffres exacts, tels que *neuf, quatre, vingt, cent* sans qu'il soit donné d'explication quant à leur importance. Ce mélange de précis arithmétique et d'imprécis référentiel fait de ces chiffres, encore une fois, des *shifters*.

Mais, les *shifters* ne sont qu'une des catégories dévationnelles auxquelles Apollinaire a recours. Cohen distingue un type de figures qu'il nomme « *inconséquence* » (COHI, 91). Elles désignent « *l'absence apparente de tout lien logico-sémantique entre termes ou syntagmes coordonnés* » ou associés. Certaines jouent sur des clichés du langage courant qu'Apollinaire transforme et renouvelle. Pourtant, on peut récupérer le sens de ces figures à l'intérieur du monde d'« *Onirocritique* » où elles obéissent à une logique intratextuelle.

Ainsi, dès la première phrase, le groupe de mots les *charbons du ciel* est formé de deux éléments normalement incompatibles : le charbon, combustible d'origine végétale, terrestre, ne peut logiquement pas se trouver dans le ciel. Parce qu'elle est déviante, cette figure est aussi totalisante, sans opposée. L'expérience de l'Enchanteur, comme le confirme cette métaphore, est mi-humaine, mi-divine. L'image, par synonymie, provoque l'apparition du mot *ardeur* et du verbe *brûler* dans la phrase suivante. En ce début de texte, le Je hésite à entreprendre l'expérience poétique ; le verbe *craindre* et la locution *sur le point* indiquent que le narrateur poétique a peur de pénétrer dans le monde d'une divinité où tout n'est que feu, brûlure, intensité.

« *Mais j'avais la conscience des éternités différentes de l'homme et de la femme.* » (*Po*, 371). Cette phrase qui n'est pas liée sémantiquement avec la précédente lui est pourtant coordonnée par la conjonction *mais*. Elle est donc inconséquente. L'expresion *éternités différentes* est agrammaticale, car, habituellement, on utilise le mot *éternité* au singulier. Le sens d'*éternité* (« durée qui n'a ni commencement ni fin ») étant le même pour chacun dans le monde réel, l'apposition de l'épithète *différentes* crée un conflit lexical et sémantique entre les deux termes. Une expression antonyme comme *des éternités semblables* est également déviante puisque tautologique et donc interdite. Ainsi vus, « *les termes délivrés de leurs oppositions envahissent le champ sémantique* » (COHI, 238).

Une phrase telle que « *les rosiers provignaient des treilles qu'alourdissaient des grappes de lunes* » (Po, 371) présente un autre exemple d'inconséquence. Des treilles portent des rosiers et des grappes de lunes au lieu des raisins auxquels on s'attendrait. Les rosiers présentent un écart moindre, car ils appartiennent au monde végétal. Par contre, la métaphore *grappes de lunes* constitue une impossibilité totale. Si le mot *grappes* ne surprend pas dans le contexte de la vigne et des treilles, on attendrait pour la suite le mot *raisin*. Le substantif *lunes* qui suit est d'autant plus surprenant qu'il est au pluriel, alors que dans une variante, il reste singulier. La figure est inopposable, car, déviante sur le plan grammatical, elle est appelée à fonctionner d'une manière totalisante sur le plan poétique. Dans le monde de l'Enchanteur, l'expression *grappes de lunes* (blanches) unit la terre et le ciel. Elle se trouve en parfaite symétrie avec les *charbons du ciel* (rouges, car incandescents) et contribue à l'établissement d'une vision totalisante.

Plus loin, Apollinaire relie « *la lune et la colline* » (Po, 372), deux éléments appartenant à des mondes différents. La Lune, dans cette phrase, n'est plus un fruit suspendu aux *grappes*, mais le satellite de la Terre. Le mot *colline* utilisé au singulier est déviant : il existe des collines sur la Terre. Le défini singulier *la* indiquerait qu'il s'agit d'une colline spécifique ; or, à nouveau, c'est un *shifter* puisqu'il n'y a jamais été fait référence auparavant dans le texte. La *colline* devient, alors, comme la Lune, unique, essentielle.

En apparence, les termes de la courte phrase : « *J'avalai des troupeaux basanés.* » (*Po*, 371) ne sont unis par aucun lien logico-sémantique. Le verbe *avaler* a pour objet un terme collectif incompatible : *des troupeaux.* Ce nom pluriel, généralement utilisé pour un groupe d'animaux, est qualifié de *basanés*, adjectif normalement réservé à des humains. L'utilisation du pluriel rend cette phrase encore plus déviante. Il y a, donc, conflit entre les traits spécifiques du prédicat, du substantif et de l'épithète. On récupère le sens au niveau textuel où la couleur sombre des « *troupeaux basanés* » contraste avec la blancheur de l'hermine solitaire qui la précède. Dans le texte, elle vient compléter l'union du blanc et du rouge.

C'est quand le poète-narrateur a la possibilité d'arrêter la course du soleil qu'il pose le plus grand défi à la logique : « [...] *si j'arrêtais le soleil je le verrais carré, en réalité* [...]. » (*Po*, 373). Ce passage pose la question insoluble de la quadrature du cercle, « faux problème que les géomètres anciens tentaient de résoudre » dit le petit Robert. Il n'y a qu'un soleil, rond et dont nul, sur terre, ne peut retenir la course. L'adjectif *rond* utilisé avec le substantif *soleil* est un pléonasme que le langage courant interdit. En choisissant l'épithète déviante *carré* pour qualifier le soleil, Apollinaire transforme une impossibilité scientifique en une vérité poétique. Dans la « fausse réalité » du nemeton, le poète-Enchanteur peut arrêter la sphère céleste et transmettre au lecteur sa vision déviante du monde où le soleil est bel et bien « *carré* ».

L'image du soleil revient quelques lignes plus bas dans une autre figure fondée sur un cliché : « *Je me sentis libre, libre comme une fleur en sa saison. Le soleil n'était pas plus libre qu'un fruit mûr.* » (*Po*, 373). Ces deux phrases sont doublement déviantes, à cause de la triple répétition de *libre*, et aussi, des deux comparaisons. L'adjectif *libre* se trouve communément dans les comparaisons idiomatiques *libre comme l'air* ou *libre comme un oiseau.* Ici, Apollinaire transforme les clichés quand il compare la liberté à « *une fleur en sa saison* » et « *un fruit mûr* ». La deuxième comparaison est annoncée par les « fruits-femmes » et les arbres rouges de l'île aux pommiers. De plus, le poète associe fréquemment dans son œuvre le soleil à un fruit, en particulier l'orange, le « *beau fruit de la lumière* » (169) : « **|Les oranges de Baratier sont les meilleures de la France. elles ont la saveur de ta chair chaude comme le soleil semblable à ces oranges|* » (« *Poèmes à Lou* »; *Po*, 409). Indirectement, il y a une autre comparaison, celle du Je avec le soleil. Le *je* représente le poète d'aujourd'hui, « *une fleur en sa saison* » (373), libéré des contraintes de la tradition. Le soleil est l'esclave de la poésie du passé, symbolisé par le fruit « *mûr* ». Le Je a dominance sur le soleil : il a pu l'arrêter pour le voir carré, pour le transformer en objet poétique, neuf et total.

La périphrase « *Une bête molle couverte de plumes blanches chantait ineffablement* [...]. » (*Po*, 373) forme une inconséquence plus faible puisqu'il s'agit d'une figure de style bien établie dans le discours poétique. Cette bête étant ici un oiseau, c'est probablement un cygne. Pourtant, il est inhabituel d'attribuer un adjectif aussi peu flatteur que *molle* à cette bête. Son contraire, l'adjectif *dur* serait tout aussi déviant. La métaphore souligne de manière redondante la féminité de l'animal. « *Molle* » fait penser à *passive* et les « *plumes blanches* » qui rappellent l'hermine immaculée du début s'opposent aux « *arbres rouges* » de l'île. *Bête* est le seul substantif féminin qu'Apollinaire pouvait choisir pour décrire un oiseau, un animal. L'image habituelle du cygne (symbole de beauté et de perfection) est ici contestée et dégradée. Il faut rappeler que, pour Apollinaire, la couleur blanche et la féminité sont les signes de l'être incomplet, de l'argent-vif, pôle passif en alchimie.

Apollinaire rappelle la légende selon laquelle le chant du cygne est l'œuvre merveilleuse d'un animal mourant. Dans ce

passage, ce chant est immortel. Alors que la mort de l'oiseau
féminin est imminente (la perle pleure), sa création ne dispa-
raîtra jamais. L'imparfait éternise l'admiration du peuple et le
chant du cygne. Un peu plus loin, les vieillards, eux aussi au
bout de leur vie, ont le don d'immortalité : « *Les vieillards
mangeaient l'ache et immortels ne souffraient pas plus que les
morts.* » (*Po*, 373). Seul celui qui chante comme le cygne ou se
nourrit des lauriers de la poésie comme les vieillards, peut
arrêter le temps et garantir ce moment de beauté aussi éternel
que la mort.

LES ANTHROPOMORPHISMES.

Une grande partie des figures déviantes d'« *Onirocritique* »
sont des anthropomorphismes. Bien qu'il soit courant que des
objets ou des animaux se voient attribués des caractéristiques
humaines en poésie et en langage figuré, le recours à cette
figure est systématique dans le poème et il répond à un but
bien déterminé. Comme Apollinaire l'a lui-même indiqué, dans
le monde totalisant de l'Enchanteur, il y a intégration et non
plus séparation des mondes animal, végétal et humain qui
finissent par se confondre. Dans le nemeton, l'homme et la
femme sont aussi des animaux, l'Enchanteur se fait lion, le
plus beau des hommes montre les dents comme un chien. En
harmonie avec ce renversement, les pommiers d'Avalon peuvent
chanter, siffler et rugir. On remarquera l'écart d'un trait inhérent entre le substantif (végétal) et ses trois verbes : *chanter*
et *siffler* (réservés aux hommes, aux oiseaux ou au vent),
rugir (pour les fauves, parfois les hommes ou le vent). Les
champs labourés, eux, chantent un chant merveilleux (*Po*, 371)
qui n'est pas sans rappeler celui de la bête molle et blanche.

Comme les champs labourés (inanimés) ne peuvent pas chanter (animés), l'écart est motivé par la paronomase des homonymes « *le chant des champs* ». Quelques lignes plus loin : « *Le ciel allaitait ses pards.* » (372). Cette image présente une incompatibilité similaire entre le substantif *le ciel* (inanimé, céleste, abstrait) et le verbe *allaiter* (animé, terrestre, concret). Le ciel embrasé du début se transforme en ciel qui allaite, qui donne du lait, blanc. Dans la logique du texte, le poème est un monde en voie de totalisation où le rouge et le blanc, l'animé et l'inanimé, les contraires se trouvent juxtaposés ou intégrés dans la métaphore.

Apollinaire donne aux arbres une fonction anthropomorphique qui évolue à travers le texte. Les arbres sont d'abord identifiés aux singes qui les habitent, « *singes pareils à leurs arbres* » (*Po*, 372) ; puis, ils deviennent oiseaux, « *les arbres s'envolèrent* ». Dans cette figure, le substantif (inanimé) est incompatible avec le verbe (animé). Pour finir, ils adoptent des caractéristiques bovines : « *Un troupeau d'arbres broutait les étoiles invisibles et l'aurore donnait la main à la tempête.* » (373). Cette phrase est déviante par rapport à la logique normative. Le mot *troupeau* réservé aux animaux, est ici associé aux arbres qui se nourrissent comme des bœufs. La figure obéit à sa logique interne qui l'unifie sémantiquement. Le mot *troupeau* entraîne la présence du verbe *brouter*, par analogie. On remarque une valorisation des arbres au cours du texte : en volant, ils peuvent atteindre le ciel et obtenir le savoir poétique. L'image du nourrissement évoque cette ingurgitation de la connaissance. Les étoiles représentent la poéticité du monde, elles sont invisibles pour la majorité, mais elles alimentent celui qui pose sur elles un regard neuf, non esclave du réel.

Dans le monde enchanté d'« *Onirocritique* » comme dans un conte de fées, les objets, les abstractions, les animaux agissent à l'instar des humains : l'aurore et la tempête se donnent la main comme des personnes ; le Singe porte les lauriers du poète, les nourrices des enfants mâles sont la lune et la colline ; la source parle à l'Enchanteur. Et, dans ce monde merveilleux où les différences entre les catégories deviennent floues et tendent vers une fusion, des « êtres-mondes » vivent. Ils appartiennent en même temps à toutes les espèces et à tout l'espace-temps ; c'est pourquoi les anthropomorphismes jouent un rôle clé dans la totalisation de la prédication.

DE NOUVELLES NOTIONS DÉVIANTES.

Dans certains cas, l'association de termes incompatibles se répète et finit par former de nouvelles notions composées de deux mots qui échangent de façon permanente leurs traits inhérents. Ainsi, outre les « fruits-femmes » d'Avalon, Apollinaire crée la « tête-perle », le « fleuve-épée », les « hommes-raisins » et le « sang-liqueur ». Dans ces associations, les deux termes finissent par former une entité complète et indépendante dont les traits spécifiques deviennent interchangeables. On peut les commuter à loisir et la nouvelle notion ainsi établie réapparaît plusieurs fois dans le poème.

Quand le poète rencontra le singe pour la première fois, celui-ci lui « *apporta une tête faite d'une seule perle. Je la pris dans mes bras et l'interrogeai après l'avoir menacée de la rejeter dans la mer si elle ne répondait pas. Cette perle était ignorante et la mer l'engloutit.* » (*Po*, 372). Plus tard, il retrouvera la « *tête faite d'une seule perle qui pleurait* » (373). Cette « tête-perle » symbolise une entité féminine, passive, impuissante et apparemment inutile.

Par contraste, le « fleuve-épée » représente une force mâle, active et créatrice. L'eau est à l'origine de toute vie, l'épée, en coupant, fait naître d'autres mondes : « *Arrivé au bord d'un fleuve je le pris à deux mains et le brandis. Cette épée me désaltéra. Et, la source languissante m'avertit que si j'arrêtais le soleil je le verrais carré, en réalité.* » (*Po*, 372-3). Le poète prend le fleuve, liquide, et le brandit comme une épée, solide. Mais, il boit l'épée. Le « fleuve-épée » (inanimé) a pour prédicats des verbes impertinents : il languit et communique comme un être humain, et il « *avertit* ». Le « fleuve-épée » est à la fois une arme vive et agressive semblable à un organe mâle en érection et une « *source languissante* », toute dolente et féminine. Ce mot composé allie le solide et le liquide, l'inanimé et l'animé, le masculin et le féminin. Il représente la force créatrice de l'Enchanteur et sa souveraineté grandissante sur le monde : au moment où le poète-Enchanteur « *brandi*[*t*] *le fleuve et la foule se dispersa* » (373). Le « fleuve-épée » réapparaîtra dans une image de la création empruntée aux Évangiles. Du sang de la vie des « hommes-raisins » et de la parole (leur chant) naissent des hommes porteurs de l'épée magique : « *Tout un peuple entassé dans un pressoir saignait en chantant. Des hommes naquirent de la liqueur qui coulait du pressoir. Ils brandissaient d'autres fleuves qui s'entrechoquaient avec un bruit argentin.* ». La figure englobante du « fleuve-épée » articule la phrase. Ce sont les épées que l'on peut brandir et qui s'entrechoquent ; ce sont les fleuves qui coulent « *avec un bruit argentin* ». Les verbes *saigner* et *chanter* sont homophones et synonymes ; le sang et le chant créent, donnent vie, annoncent la victoire de l'œuvre au rouge et du verbe poétique. Dans la symbolique chrétienne, le sang du Christ est transformé en vin lors de la communion. Ce sacrifice est source de création divine. Ici, la création est humaine puisque c'est le sang des hommes entassés dans le pressoir qui donne la liqueur. Mais elle n'en est pas moins miraculeuse : les créatures portent comme leur créateur l'épée magique qui leur permettra de se couper de la tradition et d'ouvrir de nouveaux mondes. La naissance ou renaissance se fait dans l'eau de la vie mais aussi par la coupure définitive du cordon ombilical qui rattache au passé.

L'« épée-fleuve » fait une dernière apparition à la fin du texte : « *Et mon fleuve au repos les surbaigna sans les noyer.* » (*Po*, 373). Cette phrase se détache en paragraphe indépendant avant la longue partie finale. Elle est introduite par la conjonction *et* qui ne sert pas à la coordonner au reste. Elle reprend certains éléments du poème en les changeant : le « fleuve-épée » n'est plus l'arme tranchante qui permit à l'Enchanteur de se séparer de la réalité. Il est l'eau primordiale dans laquelle va naître le nouveau monde du poète triomphant. Il s'étale en figure totalisante : il « surbaigne » et se rend maître des serpents et de leur langue de feu.

LA PARODIE.

Le dernier mode de déviation que nous analyserons ici est la parodie. Qui dit *parodie*, dit « rupture stylistique », surtout s'il s'agit d'un poème. Apollinaire a souvent recours à l'incongru et à l'ironie pour marquer une cassure avec la tradition poétique dans ses œuvres. Et, dans « *Onirocritique* », l'ironie est entièrement dirigée contre les rois. Si Apollinaire a choisi d'associer le rire et le ridicule avec les personnages les plus haut placés de la société, ce n'est pas sans raison. Les monarques représentent le pouvoir absolu, la souveraineté du langage prosaïque, « intelligible » sur la réalité humaine. En sapant systématiquement leur autorité, Apollinaire se démarque des fausses réalités et établit la souveraineté de l'Enchanteur, c'est-à-dire du monde à l'envers. À la fin du poème, il s'emparera d'ailleurs symboliquement de leur pouvoir en ramassant les couronnes abandonnées des souverains déchus. On remarquera aussi que les monarques apparaissent toujours au pluriel, ils symbolisent une réalité multiple, fragmentée, que le poète-Enchanteur cherche à réduire en une seule entité.

Cette dégradation systématique du système en vigueur s'exprime dès la première partie : « *Les monarques s'égayaient.* » (*Po*, 372). On remarque l'association bizarre du verbe réflexif *s'égayer* et du substantif *monarques*. Ces derniers sont plus communément associés à d'autres verbes comme *gouverner*, *régner*... Ici, les Rois s'amusent au lieu d'assumer leurs responsabilités. Il n'est pas étonnant que les femmes « *préfèrent les vieux rois, plus forts en amour que les vieux chiens* ». La comparaison des vieux Rois (humains de haut statut) avec les vieux chiens (animaux des plus bas) est formellement impertinente, sémantiquement burlesque et irrévérencieuse. Elle présume, peut-être, que les femmes connaîtraient l'amour des vieux chiens et qu'elles osent les comparer aux Rois. Le système hiérarchique qui assure aux têtes couronnées leur supériorité en est de fait fortement ébranlé. Le ton de moquerie continue au paragraphe suivant : « *Cependant les rois seuls ne mouraient point de ce rire et vingt tailleurs aveugles vinrent dans le but de tailler et de coudre un voile destiné à couvrir la sardoine.* ». L'emploi de la conjonction *cependant* n'est guère justifié. La phrase n'a pas de rapport direct et logique avec celle qui la précède. En revanche, elle fait écho aux monarques qui s'égayaient au début du paragraphe précédent. Le démonstratif *ce* de *ce rire* est un *shifter*. Il indique qu'il devrait s'agir d'un rire spécifique, pourtant le narrateur y fait référence pour la première fois. Le groupe « *vingt tailleurs aveugles* » allie le nom *tailleurs* à un chiffre précis *vingt*, qui n'apporte aucune information utile et à l'épithète *aveugles*. Celle-ci est incompatible avec son substantif. Un tailleur est justement censé avoir une vue excellente pour pouvoir accomplir sa tâche qui est de « *tailler et de coudre un voile* ». La phrase obéit à sa logique interne. Les mots *vingt* et *aveugles* forment une allitération en *v*. L'homophonie détermine ici le choix du chiffre. Mais, il y a aussi un élément de comédie dans le concept des vingt tailleurs aveugles. On peut présumer que ce sont les Rois eux-mêmes qui ont choisi des tailleurs aveugles pour « *coudre un voile destiné à couvrir la sardoine* ». Ce dernier mot ressemble phonétiquement à la « herba sardonia "renoncule de Sardaigne" dont l'ingestion provoque une intoxication se manifestant par un rictus » (*Petit Robert 1* [1985], p. 1764). Cette drogue est originaire de la Sardaigne comme la pierre précieuse *sardoine*. On peut relier homophoniquement le terme au rire *sardonique* des souverains. Plus loin, Apollinaire évoque une autre herbe, l'ache qui provoque elle aussi un rire sardonique. Alors que, bientôt, le poète-enchanteur va être couronné d'yeux, devenir voyant, les monarques font accomplir à des non-voyants une tâche des plus minutieuses. À ce moment, face à l'inaptitude royale, le narrateur se substitue à eux et assume le rôle de chef : « *Je les dirigeai moi-même, à reculons.* » (*Po*, 372). On distingue une nuance d'ironie dans cette phrase où le rêveur dirige les tailleurs aveugles à reculons. La phrase entière est déviante dans le monde réel où on dirige de l'avant ; mais dans la logique de l'univers enchanté, anti-monde, le magicien ne peut que guider à l'envers.

En fait, il s'agit pour le poète-Enchanteur de renverser ce monde bancal, dirigé par des souverains incompétents qui bientôt ne seront plus que des fantoches : « *Ils aimèrent les rois désossés que l'on agitait sur les balcons.* » (*Po*, 372). La phrase reprend deux des éléments tautologiques du texte : les Rois et les amours entre animaux (humains) dissemblables.

L'adjectif *désossés* est déviant accolé aux Rois. Ces Rois, qui ont déjà été comparés à de vieux chiens, se déshumanisent davantage en devenant des sortes de pantins désarticulés qui s'agitent dans l'air. Cette scène rappelle le théâtre céleste du « *Brasier* » et ses acteurs inhumains[38]. L'irrévérence et la satire attirent encore le rire sardonique que le texte associe constamment aux Rois. Le rire remet en cause le langage, souligne la fausseté magique du monde de l'Enchanteur qui a réduit la réalité à un spectacle de marionnettes. Le poète peut maintenant imposer sa vision totalisante : « *Je ramassai les couronnes de tous les rois et en fis le ministre immobile du monde loquace.* » (374). Le pluriel de la première partie de la phrase s'oppose au singulier de la deuxième. Le Je prend la multiplicité : « *les couronnes de tous les rois* », pour la changer en unité : « *le ministre immobile du monde loquace* ». Les « *couronnes des rois* » représentent tous les pouvoirs humains que l'Enchanteur transfère en un seul pouvoir unifiant, celui de la parole. L'adjectif *immobile* est employé de façon déviante accolé à *ministre*, mais il souligne l'inhumanité de ce ministre qui dirige un monde d'ombres et de chants, le « *monde loquace* ». L'immobilité reprend l'idée d'immortalité ; elle défie aussi l'espace-temps en éliminant la fragmentation.

LA RÉPÉTITION.

Cette étude des modes principaux de déviation du langage nous a permis de montrer comment ils contribuent à l'univers du poème totalisant. Outre le rôle de l'homophonie et de l'allitération, nous nous proposons de revenir à la fonction de la répétition de quelques figures privilégiées qui concourent à l'unité du signifié. Dans son ensemble, « *Onirocritique* » tend à l'identité sémantique qui est le propre de la poésie : ce « *texte trouve son unité dans la réitération d'unités sémantiques d'un certain type* » (COHI, 214). Il trouve son sens dans l'expression répétée des aspects du nemeton, car la répétitivité est « *un trait pertinent de la textualité poétique* » (222). Mais, pour être « *pur langage tautologique* » (213), le poème doit compléter l'identité sémantique par une identité phonique maximale et par « *la répétition proprement dite, occurrence double ou multiple du ou des mêmes signes au sein d'un même texte* » (228). Ce dernier aspect de la redondance est particulièrement important dans « *Onirocritique* ».

Bien qu'il ne s'agisse pas d'un poème en vers (exception faite de la chanson d'Orkenise), l'homonymie des signifiants y joue également un rôle non négligeable. On observe plusieurs cas de paronomase. On remarque, dès le premier paragraphe, l'allitération en *f* des « *flammes qui fleurdelisèrent* » (*Po*, 371), qui imite le sifflement du feu, et la paronomase des chuintantes et des nasales dans « *le chant des champs labourés* », où l'identité est parfaite. Plus loin, on relève une allitération en *v* : « [...] *vingt tailleurs aveugles vinrent dans le but* [...] *un voile* [...]. » (372).

Une des phrases capitales du texte, puisqu'elle souligne la ressemblance des parties du Je, en appuie le sens par une allitération en *m* et une assonance en *an* :

« *Mes bras, mes jambes se ressemblaient et mes yeux multipliés me couronnaient attentivement.* » (*Po*, 373). Vers la fin du poème, le nombre d'homophonies augmente avec plusieurs allitérations en *s* : « *Tout un peuple entassé dans un pressoir saignait en chantant.* ». La plus remarquable qui imite le sifflement des serpents rappelle le célèbre exemple tiré d'*Andromaque* : « *Il en sortit des sons qui se changèrent en serpents de la couleur des châtaignes et leur langue s'appelait Sainte*

Fabeau. » À l'homophonie des chuintantes *sons - serpents - châtaignes - Sainte Fabeau* correspond la synonymie de la victoire du *verbe - épée - feu* sur le plus beau des hommes. Le passage resplendit alors dans une unité sémantique et phonique.

On trouve aussi une assonance en *è* : « [...] *sortirent des myrtaies et s'en allèrent dans les jardinets qu'arrosait* [...]. » (*Po*, 373) et une autre allitération en *r* : « *Ils déterrèrent une racine transparente et en mangèrent. Elle était de la grosseur d'une rave.* ».

Dans le dernier paragraphe, se trouvent une paronomase en *v* et *i* : « *des villes vides* » (*Po*, 374), et une allitération en *s* et *b* : « *Des ombres dissemblables assombrissaient de leur amour* ». Alors que la vision de l'Enchanteur se totalise, et qu'à la fragmentation se substitue l'uniformité, l'unité phonique devient une occurrence plus fréquente.

Ainsi, bien qu'« *Onirocritique* » soit presque exclusivement en prose, l'identité phonique que nous venons d'illustrer y soutient l'identité sémantique.

Mais, c'est surtout la répétition des unités linguistiques qui caractérise ce poème et témoigne de sa poéticité. Car, si cette tautologie est « *rigoureusement prohibée en prose, sous les noms de "rabâchage" ou "radotage", elle est courante en poésie et quelquefois obligatoire dans certaines formes fixes* » (COHI, 229).

Dans « *Onirocritique* », les répétitions peuvent être d'un même signe ou de signes différents mais synonymes. Elles peuvent toucher un mot ou un groupe de mots allant jusqu'à une phrase entière. Ces répétitions ne sont pas gratuites, l'unité répétée y gagne en intensité bien que

[...] les mots ne changent pas de sens. Aucun n'ajoute de « sens supplémentaire ». Mais la répétition assure le crescendo intensif. Comme telle la répétition est la seule figure qui possède ce privilège : dans le même mouvement, elle réalise à la fois l'écart et la réduction. Écart par redondance, réduction par changement de la variable. (COHI, 231)

Vers la fin du texte, quand le poème atteint le paroxysme de l'expérience enchanteresse, de nombreuses unités sont réitérées en même temps. Mais, c'est vers le milieu du texte qu'Apollinaire commence à mettre l'accent sur le rôle de la redondance poétique :

> [...] Je dansai à quatre pattes. Les matelots n'osaient plus bouger, car j'avais l'aspect effrayant du lion.
> À quatre pattes, à quatre pattes.
> Mes bras, mes jambes se ressemblaient et mes yeux multipliés me couronnaient attentivement. Je me relevai ensuite pour danser comme les mains et les feuilles. (*Po*, 373)

Le Je s'est transformé en « homme-lion », en « homme-feu ». Tout en lui est ressemblance, ce que souligne la répétition à trois reprises de l'expression *à quatre pattes* qui devient plus insistante lorsqu'elle se fait phrase à part entière. La phrase « *Mes bras mes jambes se ressemblaient* » reprend le même concept sous une forme différente.

Aux deux-tiers du texte, ce passage en constitue le noyau. Apollinaire met en alinéa « *À quatre pattes, à quatre pattes.* » (*Po*, 373). Les deux phrases suivantes constituent un paragraphe, formant ainsi de très courts volets indépendants alors que les autres parties d'« *Onirocritique* » sont substantiellement plus longues. En quelques lignes, le poète résume la logique poétique qui est celle de l'identité, « *la loi immanente de la poésie* » selon Jean Cohen (COHI, 241).

Dans ces quatre lignes, le poète nous dit aussi que les différents membres du corps sont interchangeables et non plus opposables, et il compare le Je avec « *les mains et les feuilles* » (*Po*, 373). Auparavant, le Je avait atteint une identité totale avec le monde extérieur : ses multiples, ses enfants, les marins. Maintenant, il étend l'unité à l'intérieur de lui-même : il est couronné de ses propres yeux, il danse comme les mains. Il inclut, aussi, en lui l'humain, l'animal (pattes) et le végétal (feuilles). L'expression « *danser comme les mains et les feuilles* » coordonne des parties de deux entités différentes : les mains (partie d'un être humain) et les feuilles (partie de végétal). Et elle compare l'action de danser à laquelle participe tout le corps à une partie de ce corps, les mains. Cette phrase assimile la danse de l'Enchanteur à l'écriture poétique. Le créateur est une figure aussi totalisante que la poésie qu'il crée de sa danse avec les mots. Au moment où il a atteint l'unité maximale, le rêveur « danse » ou crée, comme les mains (avec lesquelles il écrit) et les feuilles (sur lesquelles il écrit).

Ce passage-pivot met en relief l'identité intérieure et extérieure du Je qui se reflète dans la redondance du signe dans le poème entier. Mais, les signes réitérés changent, évoluent au long du texte pour se valoriser comme les arbres ou le « fleuve-épée » ou, au contraire, pour se dévaloriser comme les rois et la « tête-perle ».

Parmi les unités répétées, trois d'entre elles — à savoir le chant, les yeux et les ombres — se détachent et méritent une étude plus approfondie car elles forment les assises de l'univers poétique d'« *Onirocritique* ».

Le chant reste toujours magique, « *merveilleux* » (*Po*, 371) ineffable, créateur. Mais, il évolue à mesure que ses interprètes changent ; du végétal, les « *champs* », à l'animal, la « *bête molle et blanche* » (373) à l'humain, les « *hommes-raisins* », il devient plus fort. Et, quand le poète-Enchanteur touche les dents du plus beau des hommes après l'avoir conquis, il en sort des « sons-serpents ». Le poète transforme la beauté humaine en parole magique : « *À genoux, il me montra les dents. Je les touchai. Il en sortit des sons qui se changèrent en serpents de la couleur des châtaignes et leur langue s'appelait la Sainte Fabeau* » (*Po*, 373). La Sainte(-) Fabeau, dans l'univers apollinarien, représente le mot créateur, la « parole-feu »[39]. Le poète-Enchanteur suit ici la voie prométhéenne montrée par Arthur Rimbaud : « *Le poète est vraiment voleur de feu... [il lui faut] Trouver une langue* »[28]. Le chant poétique est bien magique puisque à la fin du poème, il n'a même plus besoin d'émetteur pour résonner dans l'univers entier : « *Nulle créature vivante n'apparaissait plus. Mais des chants s'élevaient de toutes parts.* » (*Po*, 374). La parole a envahi le champ du poème sans intervention terrestre ; elle est partout et nulle part, exemplifiant la totalisation de la prédication.

Outre le chant, la vision du poète — ses yeux, symboles de la voyance poétique — sont un autre facteur de totalisation qui gagne de l'importance au cours du poème. Le poète « voit » l'IOD des Hébreux, l'énergie créatrice ; et, c'est en se « voyant » qu'il se multiplie. Quand son corps est devenu tout entier ressemblance, ses « *yeux multipliés [le] couronnaient attentivement* » (*Po*, 373).

L'association du verbe *couronner* (passif) et de l'adverbe *attentivement* (actif) est déviante. En fait, certains éléments de la phrase échangent leurs propriétés. L'adverbe *attentivement* est appelé par le substantif *mes yeux*. On parle de regard attentif. Et le verbe *couronner* provient de la position des yeux autour de la tête et rappelle les Rois dont l'Enchanteur est en train d'acquérir la souveraineté. Par ce couronnement, le poète-Enchanteur se fait réellement « voyant ». Comme Janus, il peut embrasser le passé comme le futur, l'ici comme l'ailleurs. Éparpillé dans le nemeton ou concentré en lui-même, l'Enchanteur montre son pouvoir de dominer seul l'espace-temps. Plus loin, les jardins sont arrosés par un « *surgeon d'yeux d'hommes et de bêtes* » (*Po*, 373). Le surgeon

— petit jet d'eau sortant de terre — forme une expression déviante avec *d'yeux*. Ces yeux ont le don de se multiplier, de tout couvrir comme le Je dont ils couronnaient la tête. Ce pouvoir fait des yeux une figure totalisante ; en effet cette « *obsession with multiple eyes* [...] *increases visual powers and brings about a magnified, universal vision, on both the material and spiritual plane — and consequently implies omnipresence, omniscience and omnipotence* »[40]. Les yeux représentent la vision nouvelle du poète qui s'impose face à la tradition représentée par les Rois, le triomphe et le renouveau de l'imagination[41].

La dernière unité répétitive de totalisation — l'ombre — apparaît pour la première fois dans la dernière partie du texte. À cinq lignes d'intervalle, Apollinaire répète les mots *myrtaies* et *ombres* : « *Dans les myrtaies, on subissait l'influence de l'ombre.* » (*Po*, 373) et « *Les ombres sortirent des myrtaies* [...]. ». Les myrtaies sont des endroits plantés de myrte ; la myrte, comme le laurier, est un emblème de gloire, de triomphe. Les myrtaies abritaient l'Hermine blanche et féminine au début du texte, et les lauriers poussaient sur la tête du Singe qui donnait au Je la perle blanche et ignorante. Au début de la quête, le Je n'avait pas encore accompli sa transformation en « homme-feu » total. Il rencontrait l'Hermine et la perle féminines dont il ne pouvait obtenir le savoir.

En revanche, dans cette deuxième partie d'« *Onirocritique* », les myrtaies sont devenues le royaume de l'ombre, du noir. On peut y voir le triomphe de la fausseté poétique sur la clarté du réel. L'apparition de notre monde et de l'espace-temps coïncide à présent avec celle de la lumière. *Que la lumière fut* est le premier ordre donné par Dieu dans la Bible. En revanche, le monde antéchrist d'« *Onirocritique* » naît de l'ombre. Ces ombres représentent le retour à un monde non assujetti aux règles de la création divine, donc, libéré de l'espace-temps. Inconsistantes et irréelles, elles annoncent aussi le règne de l'erreur et de l'imagination. L'ombre a également un pouvoir de diffusion, d'assimilation et de fusion. Elle supprime le contraste entre la figure et le fond. L'influence de l'ombre dans « *Onirocritique* » va s'étendre de plus en plus jusqu'à tout couvrir. Au singulier dans cette phrase, elle réapparaît trois lignes plus loin au pluriel : « *Les ombres sortirent des myrtaies et s'en allèrent dans les jardinets qu'arrosait un surgeon d'yeux d'hommes et de bêtes.* » (*Po*, 373). Le poète attribue des prédicats humains aux ombres, elles « *sortirent* » et « *s'en allèrent* ». Il s'agit de verbes d'action qui soulignent leur dynamisme. Elles ne s'opposent plus à la blancheur, elles en sont maîtres. Elles seules désormais règnent sur les jardinets qui rappellent, de manière dérisoire, le jardin d'Éden. Elles reprennent le concept d'immortalité qu'« *Onirocritique* » avait déjà associé au chant et aux vieillards. Ces nouvelles entités finiront par supplanter les hommes.

Alors que l'influence de l'ombre et la présence des yeux s'étendent dans le monde de l'Enchanteur, les différences s'amenuisent, disparaissent au profit d'entités unifiantes comme « *le surgeon d'yeux d'hommes et de bêtes* » (*Po*, 373) ou le « sang-liqueur ». Il faut noter cette coexistence en apparence paradoxale des « *ombres* » et des yeux multiples. L'Enchanteur a fait sortir de l'obscurité ce monde à l'envers où, lui seul, en tant qu'antéchrist peut exercer son don de voyance.

Dans le dernier paragraphe du texte, le chant, les yeux et les ombres s'empareront d'un monde vidé de ses créatures, affirmant la victoire de la totalisation sur la fragmentation : « [...] *des chants s'élevaient de toutes parts* [...]. *Des ombres dissemblables assombrissaient de leur amour* [...] *mes yeux se multipliaient dans les fleuves, dans les villes et sur la neige des montagnes.* » (*Po*, 374).

La répétitivité du signe ne se limite pas à ce texte, mais elle s'étend à tous les poèmes de 1908, et, de là, à l'œuvre entière d'Apollinaire. Le poète avait placé l'année 1908 sous les auspices de l'enchanteur et la devise *j'émerveille* est déjà sousjacente dans tous les poèmes de cette époque. Il n'est donc pas étonnant de retrouver les mêmes signes au travers de poèmes qu'il rapprochait lui-même dans les articles publiés dans *La Phalange* et dans ses lettres à Toussaint-Luca (*Po*, 1060).

La première répétition concerne le mythe d'Icare. Au début d'« *Onirocritique* », l'Enchanteur a peur de se brûler aux charbons du ciel; en revanche dans « *Les Fiançailles* » :

> Un Icare tente de s'élever jusqu'à chacun de mes yeux
> Et porteur de soleils je brûle au centre de deux nébuleuses
>
> (*Po*, 130)

et dans « *Le Brasier* » :

> Je flambe dans le brasier à l'ardeur adorable
> [...]
> Il n'y a plus rien de commun entre moi
> Et ceux qui craignent les brûlures   (*Po*, 109)

La cité d'Orkenise paraît pour la première fois dans l'*Enchanteur* : « *Or, le soleil éclairait, en même temps, au loin, une ville close, entourée de murailles et de fossés d'eau croupissante. Trois portes donnaient accès dans la cité qui avait nom Orkenise* [...]. » (*Pr*, I, 41). Apollinaire y met déjà l'accent sur la difficulté d'accès à cette ville mythique. Le *au loin* annonce le *à l'horizon* d'« *Onirocritique* ».

Sous un patronyme différent, la Désirade dans « *Le Brasier* » représente le même concept de monde clos, autonome, lointain et inaccessible : « *Quand bleuira sur l'horizon la Désirade* » (*Po*, 110), que reprend quatre vers plus loin la « *ville marine apparue contremont* ». La Désirade et Orkenise représentent l'idéal poétique que l'enchanteur désire toujours et qu'il n'arrive jamais à atteindre tout à fait.

Les flammes qui deviennent des fleurs, en fleurdelisant le monde, trouvent un écho inversé dans « *Les Fiançailles* » : « *Les fleurs à mes yeux redeviennent des flammes* » (*Po*, 132) et se transforment en un autre végétal, des feuilles dans « *Le Brasier* » :

> Dans la plaine ont poussé des flammes
> [...]
> Les flammes ont poussé sur moi comme des feuilles (*Po*, 108-10)

Le Singe recouvert de feuilles de laurier se rapproche du monstre à la tête fleurie des « *Fiançailles* » :

> La bête des fumées a la tête fleurie
> Et le monstre le plus beau
> Ayant la saveur du laurier se désole (*Po*, 133)

La tête coupée (« tête-perle » dans « *Onirocritique* ») est une constante des poèmes apollinariens. On pense au dernier vers de « *Zone* », « *Soleil cou coupé* » (*Po*, 44) et aux autres poèmes de 1908. Dans « *Les Fiançailles* » : « *Il vit décapité sa tête est le soleil* » (133), et dans « *Le Brasier* » :

> Les têtes coupées qui m'acclament
> Et les astres qui ont saigné
> Ne sont que des têtes de femmes (*Po*, 108)

La tête féminine y est tout aussi passive que dans « *Oniro-critique* ».

Dans « *Onirocritique* », l'Enchanteur dirige les tailleurs aveugles « *à reculons* » comme l'écrevisse du *Bestiaire* :

> Comme s'en vont les écrevisses
> À reculons, à reculons (*Po*, 24)

Nous avions aussi remarqué que la multiplication du moi ou des ombres est un signe commun aux poèmes de 1908. On retrouve le verbe *multiplier* dans « *Les Fiançailles* » et l'adjectif *multiple* dans « *Le Brasier* » :

> Mais si le temps venait où l'ombre enfin solide
> Se multipliait   (*Po*, 132)

et,

> Et les mains des croyants m'y rejettent multiple innombrablement   (*Po*, 109)

Les vaisseaux qui passent plusieurs fois à l'horizon au cours d'« *Onirocritique* » sont identiques aux « *grands vaisseaux* » (*Po*, 109) qui « *passent et repassent* » dans « *Le Brasier* ». Deux des épées de « *La Chanson du mal-aimé* » trouvent une nouvelle place dans « *Onirocritique* » : la quatrième, Malourène, épée-fleuve et la cinquième, Sainte-Fabeau, épée-feu. Ce choix particulier qui associe l'eau et le feu se place encore dans le cycle de l'enchanteur :

> La quatrième Malourène
> Est un fleuve vert et doré
> [...]
> La cinquième Sainte-Fabeau
> [...]
> Et chaque nuit c'est un flambeau   (*Po*, 56)

L'ache que les vieillards mangent dans « *Onirocritique* » est mentionnée à plusieurs reprises dans l'article sur Jean Royère de *La Phalange* : « *Archemore, laissé* [...] *sur une touffe d'ache - on institua les jeux néméens où les juges - couronnaient d'ache - je veux aussi placer l'ache* » (*ŒC*, III, 781).

Dans « *Onirocritique* », la transformation de l'enchanteur en lion lui donne des pouvoirs accrus et lui permet de s'imposer aux matelots ; dans « *Le Brasier* », une métamorphose similaire met l'homme-animal en position d'autorité vis-à-vis des simples mortels :

> Des acteurs inhumains claires bêtes nouvelles
> Donnent des ordres aux hommes apprivoisés   (*Po*, 110)

L'ombre qui tient une place si importante dans « *Onirocritique* » joue également un rôle dans « *Les Fiançailles* » : « *Les ombres qui passaient n'étaient jamais jolies* » (*Po*, 129) et « *J'ai tout donné au soleil / Tout sauf mon ombre* » (135).

Les œuvres de 1908 forment une unité, un univers centré sur lui-même et tautologique où la répétition du signifiant, du signifié et du signe déborde les frontières des poèmes individuels pour s'étendre à leur ensemble. Nous avions commencé cette étude sur les prémisses qu'une image-mère, à savoir celle de l'enchanteur, se trouvait au cœur et à l'origine de tous les poèmes de 1908. Par la suite, nous avons pu confirmer que chacun d'eux est l'expression d'une même quête enchanteresse. Pour cette raison, ils se ressemblent tous dans la fausseté voulue de leur vision.

LES FIGURES TOTALISANTES.

Ainsi, tous les procédés stylistiques du texte (les déviations, les homophonies et les répétitions) tendent à un mouvement de totalisation et d'homogénéisation toujours croissant qui est aussi censé fournir le sens caché de la poésie apollinarienne en 1908. Dans le même but, Apollinaire a recours à des « *invariants poétiques* » (COHI, 260) que la poésie a toujours privilégiés. Nous ne citerons ici que la mer, les vaisseaux, l'horizon et la nuit qui se retrouvent dans deux phrases contiguës : « *La troupe que j'étais s'assit au bord de la mer. De grands vais-*

seaux d'or passaient à l'horizon. Et quand la nuit fut complète [...]. » (*Po*, 372). Ces éléments juxtaposés ont pour fonction d'effacer la distinction *figure/fond*; or, selon Cohen, la « *totalité véritable n'est pas seulement induite par l'homogénéité interne de la figure mais par celle du champ. Une figure homogène n'est pas une totalité si elle s'oppose au fond. Elle n'est telle que si elle fusionne avec lui* » (COHI, 259). La mer est poétique parce qu'elle est illimitée comme l'horizon. « *La mer n'a pas de bords, elle recule à l'horizon et se confond à la limite avec le ciel. Au sens étymologique du terme elle est* " *immense* ", *phénoménologiquement infinie* » (263). Il en est de même de l'horizon qui n'a ni commencement, ni fin, et qu'on ne peut jamais atteindre bien qu'on puisse toujours le voir. La mer et l'horizon perdent avec leurs limites « *la condition minimale de l'organisation en figure/fond* » (264) et envahissent tout l'espace, expulsant « *toute négation hors du champ de* [*leur*] *apparaître* ». Quant aux vaisseaux qui, ici, se confondent avec l'horizon, ils sont un ici-ailleurs, « *ancrés dans le port* » et en même temps, « *à l'horizon* ». « *Ils transcendent les oppositions spatiales* » (267). La multiplication du poète s'opère la nuit, quand les formes s'estompent, quand les contours s'effacent et qu'au clair de lune le champ se totalise. Il s'agit d'une nuit magique, totale et unique comme le matin et le soir. Cohen appelle ces objets poétiques illimités des « *choses-mondes* » (266).

C'est dans cet ordre d'idées que l'Enchanteur et ses semblables, les marins et les enfants mâles, forment de véritables êtres-mondes, des univers à la fois clos et ouverts. Par la simultanéité, l'Enchanteur a le pouvoir d'envahir seul l'univers. Il finit par se fusionner au fond de celui-ci quand ses yeux se multiplient « *dans les fleuves, dans les villes et sur la neige des montagnes* » (*Po*, 374). À la fin du poème, l'Enchanteur semble avoir atteint son but. Le sujet et l'objet, la figure et le fond ne font plus qu'un. Il faut pourtant modérer cette victoire. En se multipliant, l'Enchanteur a couvert l'étendue de ce monde onirique, mais les prépositions *dans* et *sur* montrent qu'il est encore distinct des éléments qu'il a envahis, qu'il n'a pas totalement aboli la différence à l'intérieur de l'unité.

L'APOGÉE D'« *ONIROCRITIQUE* » UN UNIVERS EN VOIE DE TOTALISATION.

La partie finale d'« *Onirocritique* » décrit les derniers moments de la totalisation et l'apogée de l'œuvre de l'enchanteur. À ce titre, elle doit être étudiée séparément et en détail.

« *Et le ciel était plein de fèces et d'oignons. Je maudissais les astres indignes dont la clarté coulait sur la terre* » (*Po*, 373). On remarque la répétition déviante de la conjonction *et* en début de phrase dont la fonction de coordination reste aléatoire. La phrase a plusieurs déviations grammaticales. Le ciel est encombré de matières terrestres : « *de fèces et d'oignons* ». Au moment où l'Enchanteur vient d'affirmer son pouvoir, le monde se renverse complètement. Alors que sur la terre, le poète a obtenu le pouvoir divin de créer et d'unifier par la parole et le feu des serpents, qu'il a établi le royaume de « *la fausseté, de l'erreur, de l'imagination* » (*Pr*, II, 1006)[42] en terrassant la plus belle des réalités, le ciel est devenu terrestre, vidé d'une divinité désormais inutile, il s'est empli de matières fécales et alimentaires. L'empire de l'Enchanteur s'est élevé à la voûte céleste. La coordination des oignons et des fèces qui peut paraître cocasse au premier abord, nous offre deux symboles de cet univers poétique en expansion. En effet, l'oignon croît en augmentant le nombre des couches qui le forment. Ce légume a aussi une valeur cosmogonique. Dans le Zohar, « *il [lui] est conféré certaine sacralité de par [sa] contexture même, l'emboîtement de [ses] couches concentriques donnant en quelque sorte l'image parfaite de l'emboîtement des couches du cosmos »* (BURGOS; *EP*, 185 n.o). Ici, il représente l'univers du magicien, l'un de ces *« ensembles inimaginables de forces interchangeables minutieusement et intérieurement »* (Max JACOB; *EP*, 185 n.o). D'ailleurs, pour Collin de Plancy, « [...] *les oignons servaient de logement à certains dieux »* (cité dans Burgos; *EP*, 185 n.o). On remarque l'emploi de l'adjectif *interchangeables* et de l'adverbe *intérieurement*. C'est dans les confins de l'œuvre apollinarienne que s'effectuent les échanges entre poèmes — les transferts, les additions et les répétitions — qui assurent sa construction.

Le choix du mot *fèces* dans la deuxième partie de la coordination fait également allusion directe à l'action créatrice de l'enchanteur. Merlin n'est-il pas l'Enchanteur *pourrissant* dont le cadavre en décomposition donne vie aux vers qui *« se hâtaient, se rencontraient et se fécondaient »* (*Pr*, I, 48)? Comme nous l'avons dit au départ, c'est de la boue, des matières viles que naît l'or; la création ne peut s'effectuer que par une destruction. Dans le monde de l'Enchanteur, l'émergence du verbe ne provient pas d'une nativité glorieuse mais d'une mort suspendue à l'état de charogne. L'ouvrage poétique (formé par les vers) est en putréfaction constante. La coordination des oignons et des fèces symbolise ce jeu de la vie et de la mort : les oignons sont les aliments qui deviennent des fèces dans lesquelles se fécondent les parasites qui nourriront la terre où pousseront des vergers magiques. Les mots se défont et se réarrangent d'une œuvre à l'autre assurant la pérennité du monde de l'enchanteur. L'image des fèces (pourriture) exprime un univers dynamique, en construction/destruction constantes. C'est pourquoi il n'est jamais complètement totalisé mais toujours en voie de finition et de totalisation.

Les astres sont « indignes » par association avec les fèces, mais aussi à cause de leur clarté que le Je maudit. Il est temps que règne l'ombre. La clarté astrale semble représenter le dernier effort d'une divinité absente pour préserver l'espace-temps. Ce passage est en contraste frappant avec le début du texte où l'Enchanteur hésitait à s'approcher du feu céleste de crainte de se brûler. Maintenant, victorieux, il impose sa vision à l'univers. Il n'a plus besoin de divinité.

« *Nulle créature vivante n'apparaissait plus. Mais des chants s'élevaient de toutes parts. Je visitai des villes vides et des chaumières abandonnées.* » (*Po*, 374). Ce passage se distingue par sa négativité. Alors que le ciel « *était plein* » (373), la terre est à présent remplie d'entités vides : « *nulle - n'apparaissait plus - villes vides - chaumières abandonnées* ». D'un côté, le ciel s'est encombré des objets les plus vils de la réalité humaine qui deviennent les emblèmes du monde enchanteur ; de l'autre, la terre s'est débarrassée de l'humain, des créatures vivantes en leur substituant la merveille du chant poétique : « *des chants s'élevaient de toutes parts* ». Ces chants et le Je sont partout. On remarque, à partir de ce moment-là, l'utilisation de plus en plus fréquente de figures poétiques englobantes.

« *Des vaisseaux d'or, sans matelots, passaient à l'horizon. Des ombres gigantesques se profilaient sur les voiles lointaines. Plusieurs siècles me séparaient de ces ombres. Je me désespérai.* » (*Po*, 374). Les « *vaisseaux d'or* », l'« *horizon* », les « *toiles lointaines* » et les « *ombres* » ont la double fonction d'englober l'expérience humaine et de la transcender, de la lancer sur des itinéraires de l'infini. Ces vaisseaux, qui peuvent maintenant se déplacer sans intervention humaine, se confondent à l'horizon, ligne toujours en mouvement d'un champ de vision illimité. C'est alors que la forme du poème se mêle au fond pour y établir une vision totalisante créée par le pouvoir diffuseur du rêve et de la poésie. Les figures poétiques, ombres et vaisseaux, sont séparées du Je par l'espace (« *lointaines* ») et par le temps (« *plusieurs siècles* »). Et le Je se désespère de ne jamais les conquérir tout à fait au moment même où il est si proche d'y réussir. C'est le dernier doute de l'Enchanteur sur le succès de son entreprise : ses nouvelles créatures semblent lui échapper. L'espace-temps dresse un dernier obstacle et l'Enchanteur se souvient qu'il est encore son esclave.

Mais, j'avais la conscience des éternités différentes de l'homme et de la femme. Des ombres dissemblables assombrissaient de leur amour l'écarlate des voilures, tandis que mes yeux se multipliaient dans les fleuves, dans les villes et sur la neige des montagnes. (*Po*, 374)

Célébrant l'apothéose de son projet, la fin du poème reprend les images principales d'« *Onirocritique* » : l'homme et la femme, le rouge et le blanc, les ombres, les yeux multipliés, le fleuve et les villes. Cette fois, l'homme et la femme sont passés à l'état animal/humain fragmenté à celui de figures poétiques homogènes, des « *ombres dissemblables assombrissaient* ». On remarque l'allitération en *s* et la tautologie maximale entre le substantif et son prédicat dans la figure *des ombres assombrissaient*. Pareille association serait proscrite en prose. Dans le poème, elle reflète l'homogénéité presque parfaite du signifiant et du signifié.

Tel un dieu, grâce à la magie du verbe, le poète crée un univers où règnent une uniformité et une identité croissantes entre les éléments qui le composent. Les ombres couvrent les voiles et les yeux embrassent le monde entier. Il devient de plus en plus difficile de discerner les parties du tout. Les mondes animal, végétal et humain sont totalement fusionnés dans les ombres. Apollinaire clame la victoire de sa vision poétique, celle de l'enchanteur antéchrist, à la fois homme et femme, immortel, unique, mais aussi prophète annonçant le règne de sa poésie.

Malgré une organisation qui semble, au premier abord, désordonnée comme celle d'un rêve, « *Onirocritique* » suit une structure assez précise. Dans un premier temps, l'Enchanteur a peur de s'approcher du feu sacrificateur qui donne le pouvoir de création. La terre est blanche et hivernale ; les vaisseaux restent au port ; Orkenise, ville fermée, est inaccessible ; la perle est ignorante, on la rejette ; l'Enchanteur voit mais ne possède pas l'IOD, les monarques sont ridiculisés. La chanson d'Orkenise, par la banalité de ses rimes et sa ressemblance avec les poèmes médiévaux à forme fixe, représente aussi la tradition poétique formelle dont le poète veut se distancier.

Dans un deuxième temps, les Rois, secondés par des aveugles, se transforment en pantins impuissants ; le poète, fécondé par les flammes, se multiplie ; il reçoit le « fleuve-épée », véritable Excalibur qui lui donne la force de la rupture ; il possède alors le rire libérateur ; voyant, il est couronné de ses propres yeux ; il s'émancipe de la tradition.

Dans un dernier temps, l'Enchanteur est victorieux sur le plus beau des hommes ; il reçoit la parole et les couronnes (le pouvoir) des Rois ; le ciel qui a perdu sa divinité s'avilit. Pour un moment encore, les vaisseaux, objet poétique parfait, voguent au loin. Finalement, l'ombre et les yeux de l'enchanteur couvrent la terre qui s'est vidée de ses éléments humains. Le rouge et le blanc se rejoignent dans l'ultime image de la perfection androgyne.

« *Onirocritique* » est un voyage en *crescendo* où on assiste à un renversement du pouvoir ; du ciel embrasé à la terre enchantée, de la divinité céleste au faux-messie terrestre. Véritable épopée de la création poétique, ce poème finit par annoncer la victoire imminente de l'Enchanteur et de sa vision globalisante.

Il reste à poser les limites de cette entreprise et à se demander s'il est possible d'aborder la Désirade, c'est-à-dire d'atteindre les buts fixés par la quête magique. La Désirade annonce le Nouveau Monde. Mais dans ce nom, on trouve aussi l'idée du désir jamais assouvi, de la promesse que l'on ne peut tenir, de l'île, au loin, où l'on n'abordera jamais. En 1908, l'enchanteur Apollinaire a-t-il réussi à figer l'espace-temps et à trouver l'unité sans différences ? Il est temps d'évaluer les limites et la portée de sa quête.

CONCLUSION

En 1908 Apollinaire amorce un changement de direction formel qui va le mener d'*Alcools* à *Calligrammes*. Dans ses œuvres critiques et dans ses poèmes, il expose une nouvelle poétique qui orientera sa production littéraire à partir de cette époque-là. La devise de 1910 *j'émerveille* résumera en un mot l'essence de cette poétique. Apollinaire choisit pour porte-parole Merlin et Hermès Trismégiste qui lui montreront la voie de l'enchantement. Cette poétique s'enracine dans un héritage traditionnel. Le poète moderne est le descendant des personnages ancestraux du folklore de tout pays : les chamans-enchanteurs-alchimistes. Comme eux, il fonde sa création sur une quête initiatique dont le but est d'obtenir le feu sacré : la parole poétique. Mais, la poétique de l'enchantement s'ouvre ainsi sur le monde de la modernité où Apollinaire trouve, outre une expansion de son champ d'inspiration, de nouvelles sources techniques.

Le verbe *enchanter* a pour synonymes *ensorceler* et *tromper*. Le poète cherche à changer la perception que nous avons du monde. Or, le poème qu'il crée nous apparaît faux parce qu'il ne correspond pas à notre expérience. Cette fausseté est intentionnelle, car le poète-enchanteur transforme les fausses vérités que nous offrent les apparences de la nature en « authentiques » faussetés poétiques. Il lui faut pour cela modifier les règles du discours ; il nous donne selon Umberto Eco « un nouveau type de conscience du monde »[43] par le processus du « changement de code », en manipulant ou en orchestrant des déviations de langage.

Créateur, fabricateur par excellence, le poète apollinarien se présente comme le dieu tout-puissant d'un monde de paroles. Mais, la création poétique lui a demandé un sacrifice : la rupture du réel, le renversement du code sur lequel se fonde notre perception du monde, le passage du mode dénotatif au mode connotatif. Nous avons vu que cette rupture s'accomplissait de deux façons : par la déviation systématique des règles du langage ordinaire et de la poésie traditionnelle ; de cette destruction découle une reconstruction du langage et du réel ; enfin par la conquête de l'espace-temps dans le nemeton. Cette dimension maintient le monde et le langage dans la fragmentation et l'opposition pour en assurer l'intelligibilité. Le poète doit essayer de la dépasser dans le but d'atteindre l'unité totalisante où s'exprimera enfin la *pathéticité*[44] du monde.

Chez Apollinaire, en 1908, ces deux concepts sont étroitement liés. Les images de destruction (par mutilation, démembrement, feu) entraînent la fragmentation du sujet en innombrables morceaux épars et identiques qui s'emparent de l'entièreté du monde assurant ainsi la totalisation de cet univers. Les morceaux ou les flammes ne s'opposent plus dans l'espace-temps mais réduisent tout à l'identité, et se répètent indéfiniment. De même, les mots, les métaphores du texte apollinarien, les textes individuels mêmes, par les techniques du découpage, du collage et du rapiéçage sont sans cesse repris, mélangés, échangés afin d'exprimer formellement un univers tautologique. La répétition est un trait dominant de toute l'œuvre apollinarienne. À peine entrevu, le but de la quête se dérobe, la victoire finale échappe toujours au poète-enchanteur qui combat sur la ligne de front, « *aux frontières* /

de l'illimité et de l'avenir » (*Po*, 314).

De par sa double nature d'homme et de divinité, le poète se trouve dans une situation paradoxale et sans issue. D'un côté, il veut régner sur le monde poétique, domaine de la totalité, de la non-négation, de la présence sans absence, maîtriser un langage délivré de l'espace-temps, vivre pour toujours ce moment de paroxysme qu'est l'existence poétique. De l'autre, il est homme et pour cela, soumis inéluctablement à la temporalité et à la différence. Alors, l'entreprise du poète se meurt de cette contradiction intrinsèque. Bien des philosophes connaissaient ce paradoxe :

La poésie est présence et toute présence ne dure pas plus que le présent. Une chose ne peut être sans cesser d'être autre chose que ce qu'elle était. « Le temps, dit Aristote, défait ce qui est. » Il est la dimension essentielle de l'altérité, le démenti ontologique porté au principe d'identité. Comme tel, le temps est la source essentielle de la prosaïté du monde. En lui, le cœur se déchante et le monde se désenchante. Il faudrait, à la poésie vécue, « la profonde, profonde éternité » (Nietzsche) « le temps qui ne passe pas ».   (COHI, 283)

Apollinaire en était bien conscient puisqu'il voulait « *savoir pour qu'enfin on* [*l*]'*y dévorât* » (*Po*, 110). Seule, sa propre mort pourrait lui permettre de *savoir*, « *"de transformer le rapport poétique en rapport réel"* » (COHI, 283). Et la devise *j'émerveille*, qui existe déjà en puissance dans l'œuvre de 1908, contient cette frustration, puisque le présent y est déjà passé pour le lecteur, la présence de l'émerveillement est devenue absence. La parole est aussi soudaine qu'elle est éphémère.

À ce premier défi que pose l'aventure poétique, l'enchanteur répond par un besoin de recommencer, de se renouveler, de recréer. Et, ce besoin ne quittera plus Apollinaire, puisque Burgos remarque que dix ans plus tard, à la veille de sa mort, en 1918, le poète cherchera encore la poésie création et recréation :

[...] plus que jamais Apollinaire, dans ses contes comme dans ses chroniques et sa correspondance, insiste sur l'incessant renouvellement qu'elle implique et entraîne [...] cette poétique implique dynamisme, perpétuelle remise en question, ouverture sur d'autres possibles.   (p. 87[45])

Un deuxième défi se présente au poète-enchanteur : comment exprimer le Tout, la totalité identique à soi quand on existe dans un monde qui ne peut se définir que par la différence ? « *Le sacré comme être sans négation, [...] ne peut pas être s'il doit échapper à toute forme de négation, réaliser l'identité à soi dans l'ordre même du virtuel, il ne peut plus être pensé, ni nommé* » (COHI, 283). C'est pourquoi, la parole est un Dieu bien fragile, « *un Dieu qui tremble* » (« La Victoire » ; *Po*, 311). Et, pourtant, le poète doit essayer de saisir ces « *phantasmes impondérables* », de les capturer sur le papier pour le bref instant de l'émerveillement, de l'émergence de la parole avant le retour du temps et de la différence. Dans le dernier poème de *Calligrammes*, Apollinaire s'exprimera sur l'énormité de sa tâche :

Nous voulons explorer la bonté contrée énorme où tout se tait
Il y a aussi le temps qu'on peut chasser ou faire revenir
Pitié pour nous [...]
Pitié pour nos erreurs pitié pour nos péchés
[...]
Car il y a tant de choses que je n'ose vous dire
Tant de choses que vous ne me laisseriez pas dire
Ayez pitié de moi   (« *La Jolie rousse* » ; *Po*, 314)

Baudelaire souhaita la mort comme ultime expérience, Rimbaud renonça à continuer l'aventure, Apollinaire demande notre pitié devant l'impossibilité de ce qu'il veut accomplir. Seul le silence pourrait saisir l'instant divin, la parole est déjà un aveu d'échec.

Dans les poèmes postérieurs à 1908, Apollinaire cherchera à

capturer l'instant par des moyens toujours nouveaux : les emprunts à la peinture cubiste, les idéogrammes, les calligrammes. Mais, en fin de compte, il ne pourra jamais rejoindre « *la bontée, contrée énorme où tout se tait* » (*Po*, 314), et il ressentira de plus en plus fortement « *le clivage entre temps humain (guerre) et temps divin (la poésie)* [...], *entre réalité prosaïque et réalité poétique* » (p. 87[45]). Le doute s'insinuera alors en lui,

[...] doute sur son identité de poète (« *L'Oiseau et le bouquet* »), sur son utilité (*Casanova*), doute sur l'efficacité de ce qui n'est qu'humain (« L'Abbé Maricotte »), doute sur la réalité de toute conquête (*La Femme assise*) et finalement doute sur son propre pouvoir de poète (Nyctor dans *Couleur du temps*). (p. 86[45])

En 1918, Apollinaire ne sera plus si sûr de son pouvoir d'enchanter, ni du succès de sa quête.

Mais, en 1908, l'année où il pose les assises de la poétique de l'enchantement, Apollinaire exulte et célèbre ses pouvoirs de magicien, il croit en sa divinité, il ne doute pas encore de son pouvoir d'enchanteur. Dans « *Onirocritique* », il clame la victoire du discours poétique sur la réalité prosaïque ; tel Orphée, il émerveille.

1. Merlin a enseigné à Viviane le tour par lequel elle le trahit et l'enferme dans la prison de verre.

2. Apollinaire n'utilisera la devise *j'émerveille* qu'en 1910. Dans une lettre du 29 août adressée à Paul Dufy, il proposera la marque suivante pour l'édition du *Bestiaire* : « [...] *un triangle traversé par une licorne, avec la devise "j'émerveille"* [...]. » (*Po*, 1037). Cependant, dès 1908, il avait défini, en essence, l'idée, centrale à son œuvre, que cette devise synthétisera. Dans « Les Trois Vertus plastiques », il écrivait au sujet des artistes : « [...] *le peintre doit avant tout se donner le spectacle de sa propre divinité et les tableaux qu'il offre à l'admiration des hommes leur conféreront la gloire d'exercer aussi et momentanément leur propre divinité. [...]. La toile doit présenter cette unité essentielle qui seule* PROVOQUE L'EXTASE. » (*Pr*, II, 7). La fonction de l'artiste est donc bien de *provoquer l'extase* ou d'*émerveiller*.

3. La pureté et la vérité sont les deux autres vertus plastiques qu'Apollinaire énonce dans *Méditations esthétiques* (*Pr*, II, 5).

4. Jean MARKALE, *Merlin...* (*op. cit.*).

5. Nikolaï TOLSTOY, *The Quest for Merlin* (*op. cit.*).

6. André BRETON, *Manifestes du Surréalisme* (*op. cit.*), p. 133.

7. Dans *Pour une poétique de l'imaginaire* (*op. cit.*), Jean Burgos identifie deux principes fondamentaux et indissociables qui organisent le texte poétique. D'une part, un principe statique, l'archétype donne naissance et ordre au texte ; de l'autre, un principe dynamique, le schème structurant, imprime une direction aux lignes d'action du texte ; ensemble, ils en tissent le contenu et le sens :

Dès l'instant où les images viennent s'ordonner d'une certaine façon autour d'une image mère ces constellations d'images viennent à échanger leurs forces et à trouver leur rôle et leur plénitude sémantique dans la direction même que leur imposent les schèmes, il y a construction d'un sens.   (p. 134)

Jean Burgos distingue trois schèmes structurants : le schème de conquête, le schème de repli et le schème de progrès. En choisissant l'enchanteur Merlin pour image archétype, Apollinaire se place dans un schème de conquête.

8. L'un des points de la théorie cubiste est la remise en question de la perception et de la représentation antérieures de l'espace et du temps. En 1908 déjà, quand Apollinaire dit de l'art de Jean Royère qu'il « *connaît le passé, l'avenir et transforme le présent quand il le veut* » (*ŒC*, III, 781) ou que le peintre divin doit « *embrasser d'un coup d'œil : le passé, le présent et l'avenir* » (IV, 94) ou encore qu'il fait des expériences simultanéistes comme dans « Le Roi-Lune », il affirme son désir de s'éterniser en échappant au temps et à l'espace morcelés.

9. Gaston de PAWLOWSKI, *Comoedia : Voyage au pays de la quatrième dimension* (*op. cit.*), p. 7.

10 Cohen définit le concept de « chose-monde » dans *Le Haut-Langage*. Pour lui, poétiser une chose, ce n'est pas la parfaire, l'idéaliser ; la chose restera pro-

saïque si « *elle persiste à demeurer au milieu des autres, comme région de l'espace ou partie du monde. Elle ne conquiert sa dimension poétique que si elle rompt avec le monde, et prend sa place pour se constituer en chose-monde. Ici s'inscrit la différence entre le beau et le poétique. La chose n'est que belle si elle reste chose. Elle ne se poétise que pour autant qu'elle investit le monde total. Poétiquement, la chose est tout ou elle n'est rien.* » (COHI, 265-6).

11. Jean BURGOS, « Apollinaire hors les murs » (*loc. cit.*), p. 422.

12. Ce qui n'est pas sans rappeler la première strophe des « *Correspondances* » de Baudelaire :

La Nature est un temple où de vivants piliers
Laissent parfois sortir de confuses paroles ;
L'homme y passe à travers des forêts de symboles
Qui l'observent avec des regards familiers

(Œuvres complètes [op. cit.], t. I, p. 11)

13. Mircea ELIADE, *Shamanism (op. cit.)*.

14. Gaston BACHELARD, *La Poétique de la rêverie (op. cit.)*, p. 144.

15. Édouard SCHURÉ, *Les Grands Initiés (op. cit.)*.

16. Jean BURGOS, *Pour une poétique de l'imaginaire (op. cit.)*.

17. Jean BURGOS, « Apollinaire et le recours au mythe » (*loc. cit.*), p. 121.

18. Timothy MATHEWS, *Reading Apollinaire. Theories of Poetic Language (op. cit.)*, p. 36. (Traduction : « [...] l'objet cubiste est de détruire l'illusion selon laquelle l'objet occupe spécifiquement un seul point de l'espace ou du temps. Dans l'analyse cubiste, la totalité de l'objet consiste dans l'infinité des points où il existe non seulement dans l'espace, mais aussi dans le souvenir. »).

19. Mario RICHTER, *La Crise du logos et la quête du mythe... (op. cit.)*, p. 53.

20. Marc EIGELDINGER, *Lumières du mythe (op. cit.)*, p. 10.

21. Norma Lorre GOODRICH, *Merlin (op. cit.)*, p. 26. ([Traduction : « [...] comme Chronos, quand on regarde, comme Merlin, à la manière de Janus, à l'avant vers janvier et à l'arrière vers l'année mourante. »).

22. Le « Roi-Lune » fait penser au lunatique, « personne qui, soumise aux influences de la lune, est atteinte de folie périodique » (*Petit Robert*). Comme Louis, l'enchanteur Merlin est considéré comme un fou qui voit le monde à l'envers (voir p. 151[4]).

23. Paulette DUVAL, *La Pensée alchimique... (op. cit.)*, p. 68.

24. Stanley H. REDGROVE, *Magic and Mysticism (op. cit.)*, p. 179. (Traduction : « Les éléments mâle et femelle sont unis en lui — il est représenté comme un être hermaphrodite. »)

25. Titus BURCKHARDT, *Alchemy (op. cit.)*.

26. Quand, en 1910, le poème « *Onirocritique* » deviendra le dernier chapitre de *L'Enchanteur pourrissant*, il s'insérera admirablement parfaisant l'image alchimique de l'union des opposés : l'eau et le feu, la Dame et l'Enchanteur, le blanc et le rouge. Sans « Onirocritique », la métaphore qui termine le conte serait restée incomplète.

27. Apollinaire devait reprendre la même idée dans son compte rendu du Salon des Indépendants 1908 pour décrire les peintures de Marie Laurencin. Celle-ci « *a la conscience des différences profondes qui existent entre l'homme et la femme* » (*ŒC*, IV, 89).

28. Arthur RIMBAUD, *Œuvres complètes* (*op. cit.*), p. 252.

29. Cette expression est empruntée à Cohen. Il s'agira d'analyser la poéticité d'« *Onirocritique* ».

30. Marie-Louise LENTENGRE, *Apollinaire et le nouveau lyrisme* (*op. cit.*), p. 79.

31. Marcel SCHAETTEL, *Bachelard critique ou l'alchimie du rêve* (*op. cit.*), p. 78.

32. Stéphane MALLARMÉ, *Œuvres complètes* (*op. cit.*), p. 871.

33. Cohen illustre sa démonstration théorique d'un exemple similaire : « *Une expression impertinente n'est pas opposable.* parfums noirs *n'a pas d'opposé parce que* parfums blancs *n'existe pas.* » (COHI, 111).

34. Scott Bates remarque à propos des deux autres grands poèmes de feu de 1908 :

[...] his two complementary Orphic poems " *Le Brasier* " and " *Les Fiançailles* " prove that the subject matter of the poem-object, that microcosm of the universe, can only be itself, its description of its own voyage to itself, its own creation of itself.

(*Guillaume Apollinaire* [*op. cit.*], p. 75).

(Traduction : « ses deux autres poèmes orphiques " *Le Brasier* " et " *Les Fiançailles* " prouvent que le sujet du poème-objet, ce microcosme de l'univers, ne peut être que lui-même, la description de son propre voyage vers lui-même, sa propre création de lui-même. »)

35. Comme nous l'avions indiqué, le texte que nous allons analyser est le poème « *Onirocritique* » paru dans le n° 20 de *La Phalange*. Les différences entre les deux versions, le poème et le dernier chapitre de l'*Enchanteur*, sont minimes. Si l'on excepte les gravures de Derain qui illustrent le conte, il s'agit principalement d'un changement de ponctuation. Quand Apollinaire insérera « *Onirocritique* » à l'*Enchanteur*, il ajoutera une virgule après « *De la gorge du singe,* » (*Pr*, I, 73), « *Dans les myrtaies,* » (73), « *Et, les femmes* » (74), « *Arrivé au bord d'un fleuve,* » (75-6). En revanche, il retranchera la virgule qui suivait le « *Mais* » dans le leitmotiv, « *Mais j'avais la conscience des éternités différentes de l'homme et de la femme* » (74) et celle qui suivait le « *Et* » dans « *Et la source languissante* » (76). Il remplacera un point par un point-virgule après « *Je les touchai ; il en sortit des sons* ». La « *Sainte Fabeau* » (*Po*, 373) deviendra « *Sainte-Fabeau* » (*Pr*, I, 76) avec un trait d'union. On remarque un changement de temps, l'imparfait de « *Le soleil n'était pas plus libre qu'un fruit mûr* » (*Po*, 373) deviendra un présent, « *Le soleil n'est pas plus libre qu'un fruit mûr* » (*Pr*, I, 76). Apollinaire substituera la préposition « *dans* » (77) à « *sur* » (*Po*, 374) dans la dernière phrase, « *dans la neige des montagnes* » (*Pr*, I, 77). Enfin, la typographie du chapitre est différente ; Apollinaire supprimera des alinéas et les sept dernières

lignes du texte dessineront un calligrammme, un triangle inversé pointant vers la gravure d'une femme allongée alors que le poème suit une forme régulière.

36. Rappelons la définition donnée par Cohen des *shifters*, ces figures dont nous avons déjà parlé dans le premier chapitre :

[...] Ces formes appelées « shifters » telles que « je », « ici », « demain », etc., qui ne peuvent accomplir leur fonction référentielle qu'en se référant elles-mêmes à l'instance de l'énonciation. Instance fournie dans le langage oral par l'occurrence physique de la locution. Dans le langage écrit, où manque ce repère situationnel, elle doit être relayée par les indications internes de l'énoncé [...] Si ces indications font défaut à leur tour, le « shifter » est alors frappé d'incapacité référentielle.   (COHI, 102)

37. Cité par Michel DÉCAUDIN, « L'Homme à l'œuvre » (*loc. cit.*), p. 36.

38. Citons le passage en question :

> Au delà de notre atmosphère s'élève un théâtre
> Que construisit le ver Zamir sans instrument
> [...]
>   Et voici le spectacle
> Et pour toujours je suis assis dans un fauteuil
> [...]
> Des acteurs inhumains claires bêtes nouvelles   (*Po*, 110)

39. La cinquième épée de « *La Chanson du mal-aimé* », « *chaque nuit c'est un flambeau* » (*Po*, 56).

40. David BERRY, *The Creative Vision* (*op. cit.*), p. 33. (Traduction : « obsession des yeux multiples [...] augmente les pouvoirs visuels et donne une vision universelle et magnifiée sur le plan spirituel comme sur le plan matériel — et par conséquent, entraîne l'omniprésence, l'omniscience et l'omnipotence. »)

41. Apollinaire décrira cette vision dans un poème de *Calligrammes*, « *La Victoire* » :

> La Victoire avant tout sera
> De bien voir au loin
> De tout voir
> De près
> Et que tout ait un nom nouveau   (*Po*, 312)

On remarque ici aussi que les yeux unissent le proche et le lointain, le futur et le présent, et permettent au poète de poser un regard neuf sur sa création.

42. En janvier 1908, Apollinaire écrit dans *La Phalange* à propos de la poésie de Jean Royère qu'elle est « *le triomphe de la fausseté, de l'erreur, de l'imagination* » et que « *Dieu et le poète créent à l'envi* » (*Pr*, II, 1006).

43. Umberto ECO, *A Theory of Semiotics* (*op. cit.*), p. 261.

Voilà une citation plus complète du texte d'Eco :

The aesthetic use of language deserves attention on a number of different levels : (I) an aesthetic text involves a very peculiar labor, i.e., a particular MANIPULATION OF THE

EXPRESSION [...] (II) This manipulation of the expression releases (and is reeleased by) a REASSESSMENT OF THE CONTENT (III) this double operation [...] is to some degree reflected in precisely those codes on which the aesthetic sign-production is based, thus releasing a process of code-changing (IV) the entire operation, even though focuses on codes, frequently produces a new type of AWARENESS ABOUT THE WORLD...

(Traduction : « L'utilisation esthétique du langage mérite notre attention à plusieurs niveaux différents : (I) un texte esthétique entraîne un travail très particulier, c'est-à-dire, une manipulation particulière de l'expression [...] (II) Cette manipulation de l'expression provoque (et est provoquée par) une réévaluation du contenu (III) cette double opération [...] se reflète dans une certaine mesure précisément dans ces codes sur lesquels se fonde la production du signe esthétique, ce qui provoque donc un processus de changement de code (IV) l'opération entière, bien que centrée sur ces codes, produit fréquemment un nouveau type de conscience du monde... »)

44. Ce terme est emprunté à Cohen qui différencie la conscience poétique de la conscience prosaïque en ces termes : « *Deux traits, structuraux et fonctionnels, les séparent : totalité vs partitivité et pathéticité vs neutralité.* » (COHI, 278).

45. Jean BURGOS, « Vers une poétique nouvelle » (*loc. cit.*).

94

BIBLIOGRAPHIE

ŒUVRES D'APOLLINAIRE

APOLLINAIRE, Guillaume. *Chroniques d'art (1902–1918)*. Paris, Gallimard, 1966. Coll. « Idées ».

APOLLINAIRE, Guillaume. *L'Enchanteur pourrissant*. Édition établie, présentée et annotée par Jean BURGOS. Paris, Lettres Modernes, 1972. Coll. « Paralogue ».

APOLLINAIRE, Guillaume. *L'Enchanteur pourrissant*. Texte établi et préfacé par Michel DÉCAUDIN. Paris, Gallimard, 1972. Coll. « Poésie ».

APOLLINAIRE, Guillaume. *L'Hérésiarque et Cie*. Paris, Stock, 1967.

APOLLINAIRE, Guillaume. *Les Méditations esthétiques*. New York, Wittenborn, Schlutz, 1949.

APOLLINAIRE, Guillaume. *Œuvres complètes*. Édition établie sous la direction de Michel DÉCAUDIN, préface de Max-Pol FOUCHET, introduction et notes de Michel DÉCAUDIN, iconographie établie par Marcel ADÉMA. Paris, André Balland et Jacques Lecat, 1965-1966. Quatre volumes de textes et un coffret de documents.

APOLLINAIRE, Guillaume. *Œuvres en prose complètes*, I. Textes établis, présentés et annotés par Michel DÉCAUDIN. Paris, Gallimard, 1977. Coll. « Bibliothèque de la Pléiade ».

APOLLINAIRE, Guillaume. *Œuvres en prose complètes*, II. Textes établis, présentés et annotés par Pierre CAIZERGUES et Michel DÉCAUDIN. Paris, Gallimard, 1991. Coll. « Bibliothèque de la Pléiade ».

APOLLINAIRE, Guillaume. *Œuvres poétiques*. Édition établie et annotée par Marcel ADÉMA *et* Michel DÉCAUDIN, préface d'André BILLY. Paris, Gallimard, 1967. Coll. « Bibliothèque de la Pléiade ».

APOLLINAIRE, Guillaume. *Le Poète assassiné*. Édition présentée, établie et annotée par Michel DÉCAUDIN. Paris, Gallimard, 1979.

RÉFÉRENCES

ADÉMA, Pierre Marcel. *Guillaume Apollinaire*. Paris, La Table Ronde, 1968.

ANTOINE, Gérald. *Vis-à-vis ou le double regard critique*. Paris, Presses Universitaires de France, 1982.

Apollinaire. Actes de la Journée Apollinaire (1981). Fribourg [Suisse], Éditions Universitaires, 1983.

Apollinaire e l'avanguardia. Manifesto del convegno tenuto a Roma. Novembre 1980. Roma, Bulzoni; Paris, Nizet, 1984.

Apollinaire en 1918. Actes du Colloque de Stavelot (1986). J. BURGOS *et al. eds*. Paris, Méridiens Klincksieck, 1988.

Apollinaire inventeur de langages. Actes du Colloque de Stavelot (1970). M. DÉCAUDIN *ed.*. Paris, Lettres Modernes, 1973.

BACHELARD, Gaston. *La Poétique de la rêverie*. Paris, P.U.F., 1960.

BARRÈRE, J.-B.. *Le Regard d'Orphée ou l'échange poétique*. Paris, Société d'Édition d'Enseignement Supérieur, 1977.

BATES, Scott. *Guillaume Apollinaire*. Revised Edition. New York, Twayne Publishers Inc, 1989.

BAUDELAIRE, Charles. *Œuvres complètes*. Paris, Gallimard, 1975. Coll. « Bibliothèque de la Pléiade ».

BERRY, David. *The Creative Vision of Guillaume Apollinaire: a Study of Imagination*. Saratoga [Calif.], Amna Libri, 1982.

BILLY, André. *Apollinaire*. Paris, Seghers, 1970.

BOHN, Willard. *Apollinaire et l'homme sans visage*. Roma, Bulzoni Editore, 1984.

BONNEFOY, Claude. *Apollinaire*. Paris, Éditions Universitaires, 1969. Coll. « Classiques du XXᵉ siècle ».

BORDAT, Denis *et* Bernard Veck. *Apollinaire*. Paris, Hachette, 1983.

BRETON, André. *Manifestes du Surréalisme*. Paris, Jean-Jacques Pauvert, [1962] 1972.

BURCKHARDT, Titus. *Alchemy.* Baltimore, Penguin Books Inc., 1974.

BURGOS, Jean, « Apollinaire et le recours au mythe », pp. 117–27 in *Du monde européen...*.

BURGOS, Jean, « Apollinaire hors les murs », pp. 411–22 in *Apollinaire e l'avanguardia.*

BURGOS, Jean, « Les Chemins de l'imaginaire apollinairien », *Zeitschrift für französische Sprache und Literatur*, Beiheft 7, 1980, pp. 57–68.

BURGOS, Jean, « Continuités et ruptures : pour une réévaluation de la poétique apollinairienne », *ELF*, 17, Nov. 1980, pp. 15–26.

BURGOS, Jean, « L'Exploration de l'imaginaire apollinairien. Projet d'étude », pp. 184–91 in *Guillaume Apollinaire 13 : " Apollinaire et la guerre (2)"* (Paris, Lettres Modernes, 1976. Coll. « La Revue des lettres modernes »).

BURGOS, Jean. *Lecture plurielle du texte poétique.* University of London, The Athlone Press, 1977.

BURGOS, Jean, « Un Poème prototype : *L'Enchanteur pourrissant* », pp. 208–10 in *Guillaume Apollinaire 7 : "1918–1968"* (Paris, Lettres Modernes, 1968. Coll. « La Revue des lettres modernes »).

BURGOS, Jean. « Pour une approche de l'univers imaginaire d'Apollinaire », pp. 35–63 in *Guillaume Apollinaire 10 : " Méthodes et approches critiques (1)"* (Paris, Lettres Modernes, 1971. Coll. « La Revue des lettres modernes »).

BURGOS, Jean. *Pour une poétique de l'imaginaire.* Paris, Seuil, 1982.

BURGOS, Jean, « Sur la thématique d'Apollinaire. Lapidaire, herbier, bestiaire », pp. 141–63 in *Guillaume Apollinaire 8 : " Colloque de Varsovie (3–6 décembre 1968)"* (Paris, Lettres Modernes, 1969. Coll. « La Revue des lettres modernes »).

BURGOS, Jean, « Vers une poétique nouvelle », pp. 65–90 in *Apollinaire en 1918.*

BUTLER, E. M.. *Myth of the Magus.* Cambridge, The University Press, 1948.

CAWS, Mary Ann. *Surrealism and the Literary Imagination. A study of Breton and Bachelard.* Paris, Mouton and Co, 1966.

97

COHEN, Jean. *Le Haut-langage*. Paris, Flammarion, 1979.

COHEN, Jean, « Poésie et motivation », *Poétique*, 11, 1972, pp. 432–45.

COHEN, Jean, « Poésie et redondance », *Poétique*, 28, 1976, pp. 413–22.

COHEN, Jean. *Structure du langage poétique*. Paris, Flammarion, 1966.

COUFFIGNAL, Robert. *Apollinaire*. Tuscaloosa, The University of Alabama Press, 1975.

COUFFIGNAL, Robert. *L'Inspiration biblique dans l'œuvre de Guillaume Apollinaire*. Paris, Lettres Modernes, 1966.

DÉCAUDIN, Michel, « Collage et montage dans l'œuvre d'Apollinaire », *Zeitschrift für französische Sprache und Literatur*, Beiheft 7, 1980, pp. 31–6.

DÉCAUDIN, Michel. *Le Dossier d'"Alcools"* ». Genève, Droz, 1960.

DÉCAUDIN, Michel. *Guillaume Apollinaire*. Paris, Librairie Séguier/ Vagabondages, 1986.

DÉCAUDIN, Michel, « L'Homme à l'œuvre », pp. 31–40 in *Apollinaire en 1918*.

DININMAN, Françoise, « *Les Sept Épées*, une *Alchimie du Verbe* ? », pp. 95–114 in *Guillaume Apollinaire 16 : "La Chanson du mal-aimé"* » (Paris, Lettres Modernes, 1983. Coll. « La Revue des lettres modernes »).

DININMAN, Françoise, « Blessures et mutilations symboliques dans l'œuvre d'Apollinaire », pp. 55–75 in *Guillaume Apollinaire 17 : "Expérience et imagination de l'amour"* (Paris, Lettres Modernes, 1987. Coll. « La Revue des lettres modernes »).

Du monde européen à l'univers des mythes. Actes du Colloque de Stavelot. 1968. M. DÉCAUDIN ed.. Paris, Lettres Modernes, 1970.

DURRY, Marie-Jeanne. *Guillaume Apollinaire, "Alcools"*. 3 vol.. Paris, Société d'Édition d'Enseignement Supérieur, 1956–1964.

DUVAL, Paulette. *La Pensée alchimique et "Le Conte du Graal"*. Paris, Librairie Honoré Champion, 1979.

ECO, Umberto. *A Theory of Semiotics*. Bloomington, Indiana University Press, 1976.

98

EIGELDINGER, Marc. *Lumières du mythe*. Paris, Presses Universitaires de France, 1983.

ELIADE, Mircea. *Shamanism. Archaic Techniques of Ecstasy*. Princeton University Press, 1970.

FRÖHLICHER, Peter. *« Le Brasier » d'Apollinaire — lecture sémiotique*. Paris, Lettres Modernes, 1983. Coll « Archives des lettres modernes » 208.

GOODRICH, Norma Lorre. *Merlin*. New York, Franklin Watts, 1987.

GREET, Anne Hyde. *Apollinaire et le livre de peintre*. Paris, Lettres Modernes, 1977.

JAKOBSON, Roman. *Huit questions de poétique*. Paris, Seuil, 1977.

JUNG, C. G.. *Psychology and Alchemy*. Vol. II of *Collected Works of C. G. Jung*. New York, Pantheon, 1935.

LECHERBONNIER, Bernard. *Apollinaire : "Alcools"*. Paris, Nathan, 1983. Coll. « Intertextes. Les Œuvres ».

LEFEBVRE, Maurice. *L'Image fascinante et le surréel*. Paris, Plon, 1965.

LENTENGRE, Marie-Louise. *Apollinaire et le nouveau lyrisme*. Modène, Mucchi editore, 1984.

LITTLE, Roger. *Guillaume Apollinaire*. University of London, The Athlone Press, 1976.

MALLARMÉ, Stéphane. *Œuvres complètes*. Paris, Gallimard, 1945. Coll. « Bibliothèque de la Pléiade ».

MARKALE, Jean. *Merlin l'enchanteur ou l'éternelle quête magique*. Paris, Éditions Retz, 1981.

MATHEWS, Timothy. *Reading Apollinaire. Theories of Poetic Language*. Manchester, Manchester University Press, 1987.

PAWLOWSKI, Gaston DE. *Comoedia : Voyage au pays de la quatrième dimension*. Paris, Fasquelle, 1912. Coll. « Bibliothèque Charpentier ».

REDGROVE, Stanley H.. *Magic and Mysticism*. New York, University Books, 1971.

Regards sur Apollinaire conteur. Actes du Colloque de Stavelot (1973). M. DÉCAUDIN ed.. Paris, Lettres Modernes, 1975.

RENAUD, Philippe. *Lecture d'Apollinaire*. Lausanne, L'Âge d'Homme, 1969.

RICHTER, Mario. *La Crise du logos et la quête du mythe. Baudelaire, Rimbaud, Cendrars, Apollinaire*. Neuchâtel, Éditions de la Baconnière, 1976.

RIMBAUD, Arthur. *Œuvres complètes*. Paris, Gallimard, 1972. Coll. « Bibliothèque de la Pléiade ».

ROY, Jean-Pierre. *Bachelard ou le concept contre l'image*. Montréal, Les Presses de l'Université de Montréal, 1977.

SCHAETTEL, Marcel. *Bachelard critique ou l'alchimie du rêve*. Lyon, Éditions L'Hermès, 1977.

SCHURÉ, Édouard. *Les Grands Initiés*. Paris, Librairie Académique Perrin, 1960.

SCHWAB, Moïse. *Le Talmud de Jérusalem*. Paris, Maisonneuve et Cie, 1890.

SRABIAN DE FABRY, Anne *et* Marie-France HILGAR, *eds. Études autour d'"Alcools"*. Birmingham [Ala.], Summa Publications, Inc., 1985.

TODOROV, Tzvetan, *ed.. French Literary Theory Today*. Cambridge University Press. Cambridge/Éditions de la Maison des Sciences de l'Homme, Paris. 1982.

TODOROV, Tzvetan, William EMPSON, Jean COHEN, Geoffrey HARTMAN *et* François RIGOLOT. *Sémantique de la poésie*. Paris, Seuil, 1979.

TOLSTOY, Nikolaï. *The Quest for Merlin*. Boston, Little, Brown and Company, 1985.

VALÉRY, Paul. *Œuvres*. I. Paris, Gallimard, 1959. Coll. « Bibliothèque de la Pléiade ».

TABLE

ARCHIVES DES LETTRES MODERNES
études de critique et d'histoire littéraire
collection fondée en 1957 par Michel MINARD

*

Cette collection n'est pas périodique mais on peut souscrire des abonnements
aux cahiers **à paraître** (sans effet rétroactif)
regroupés en livraisons d'un nombre variable de pages, donc de cahiers.

(tarif en cours avril 1995)

60 cahiers **à paraître** : FRANCE - ÉTRANGER : **650 F**
+ frais de port

suivant zones postales et tarifs en vigueur à la date de facturation

France : **76 F** Étranger zone 1 (Europe, Algérie, Tunisie, Maroc) : **42 F**
zone 2 (autres pays) : **69 F** en août 1993

les souscriptions ne sont pas annuelles et ne finissent pas à date fixe

——————————— **services administratifs et commerciaux** ———————————
MINARD — 45, rue de Saint-André — 14123 Fleury-sur-Orne

la livraison n° 262 de la collection

ARCHIVES DES LETTRES MODERNES
ISSN 0003-9675

*a été servie aux souscripteurs abonnés
au titre des cahiers 493−502*

Catherine MOORE

Apollinaire en 1908
la poétique de l'enchantement
une lecture d'« *Onirocritique* »

ISBN 2-256-90456-3 (12/95)
MINARD 105 F (12/95)

*exemplaire conforme au Dépôt légal de décembre 1995
bonne fin de production en France
Minard 45 rue de Saint-André 14123 Fleury-sur-Orne*

ce volume, édité par l'Association Éditorat des Lettres Modernes,
a été publié par la Société Lettres Modernes
67, rue du Cardinal-Lemoine, 75005 PARIS — Tél. : (1) 43 54 46 09